생각 정리의 기술

실천편

1,000장 그린 달인의 마인드맵 따라하기

생각 정리의 기술

실천편

조혜영 지음

지형

저자의 말

저는 마인드매퍼입니다. 매일 마인드맵을 그립니다. 아무도 시키지
않아도 시작합니다. 생각을 정리하고 구조화하며 효과적으로 전달
하기 위해 그립니다. 처음에는 호기심으로 시작했는데, 점차 재미
가 일이 되었고 쌓여가는 기쁨을 느낄 수 있었습니다. 이제는 떠오
르는 생각, 어려운 책, 강의나 유튜브 영상까지도 마인드맵 한 장으
로 간결하게 정리할 수 있습니다.

마인드맵은 생각하는 도구입니다. 우리의 머릿속에는 늘 단어
들이 의미 없이 떠다닙니다. 코디정의 『생각의 기술』에 따르면 이러
한 단어들을 '표상'이라고 부릅니다. 표상은 아직 판단되지 않은 개
념으로, 연결되지 않은 채 유영하는 상태입니다. 마인드맵은 이러
한 표상들을 키워드로 나열하고, 그것들을 연결하고 체계화하는
과정을 통해 생각으로 전환합니다.

마인드맵은 텍스트를 이미지로 변환하는 도구입니다. 이 과정

은 기억과 회상을 돕습니다. 마인드맵을 통해 중요한 개념을 시각적으로 구조화하면, 그 이미지와 연결된 세부 사항이 쉽게 떠오릅니다. 오래전에 그린 마인드맵도 중심 이미지를 보는 순간 가지가 뻗어나가듯 기억이 떠오릅니다.

아마도 초등학교 때나 학창 시절에 마인드맵을 배운 적이 있을 겁니다. 배우지 않았더라도 대충 이미지가 떠오를 정도의 정보는 있으리라 생각합니다. 우리 딸도 초등학교에서 일기나 독서를 기록하는 방법으로 마인드맵을 사용하는 것을 본 적이 있습니다. 하지만 실제로 마인드맵을 꾸준히 그리는 사람은 많지 않습니다. 그 이유는 무엇일까요?

어색하기 때문입니다. 새로운 방식은 자연스럽게 익숙해지기까지 많은 노력이 필요합니다. 예를 들어 오른손잡이가 왼손으로 글씨를 쓰려면 매우 서툴고 어색합니다. 마인드맵도 처음에는 낯설고, 익숙해지기까지 많은 반복과 시간이 필요합니다. 마인드맵은 종이를 가로로 놓고 그림을 그려야 하는데, 이 또한 많은 사람에게 불편하게 느껴질 수 있습니다. 그림을 그리는 것이 유치하거나 시간 낭비라고 생각하기도 합니다. 하지만 이는 마인드맵을 그리지 않으려는 핑계일 뿐입니다. 어떤 일이든 효과를 보려면 도전과 지속, 반복이 필요합니다. 마인드맵을 그리는 사람에게 시간은 깊은 생각과 강한 각인을 남기기 위한 투자입니다.

'마인드맵을 그리면 무엇이 좋아지나요?'라는 물음에 처음에는 '정보를 잘 기억하게 되고, 생각의 확장을 돕고, 어떤 주제든 나만의 방식으로 정리할 수 있다'고 대답했습니다. 하지만 지금은 '자유'

라고 대답합니다. 아무리 복잡한 논리라도 마인드맵으로 정리하면 자연스럽게 생각이 정리되고, 말이나 글로 쉽게 표현할 수 있는 내 지식으로 전환됩니다. 복습도 간단합니다. 중심 이미지를 보는 순간, 마인드맵을 그릴 때 머리를 싸매며 고민했던 감각이 되살아나고, 단 몇 분이면 하나의 주제를 마인드맵 한 장으로 복습할 수 있습니다. 마인드맵으로 생각을 정리하면 머릿속이 깔끔해지고 더 이상 혼란스럽지 않습니다. 이것이 바로 자유입니다. 이렇게 여유가 생기면 새로운 아이디어에 쉽게 집중하고, 중요한 결정을 내릴 때 명확하게 사고할 수 있습니다. 이러한 정신적 자유는 정말로 중요한 일들에 에너지를 집중하게 해줍니다.

처음 10장을 그리며 마인드맵의 틀을 잡았고, 50장을 그리고 나서는 마인드맵으로 발표할 수 있게 되었습니다. 100장을 그린 후에는 역사, 과학, 철학, 예술 등 다양한 주제를 마인드맵으로 표현할 수 있는 사람이 되었습니다. 복잡한 철학 이론이나 방대한 역사적 사건들을 마인드맵으로 시각화하여 이해하고, 이를 발표하거나 글로 정리할 수 있었습니다. 이후로는 마인드맵을 더 잘 그리기 위한 마인드맵은 그릴 필요가 없었습니다. 생각이나 정보를 정리해야 하는 '필요'에 의해 마인드맵을 그리다 보니 어느새 1,000장을 그리게 되었습니다. 대부분 한 권의 책을 한 장의 마인드맵으로 정리했는데, 때로는 한 권의 책을 요약하고 정리하고 생각을 더하고 더 극단적으로 압축하기 위해 여러 장을 그리기도 했습니다. 이렇게 쌓인 경험으로 강의를 하고 동영상 강의 클래스를 운영하게 되었습니다. 이 좋은 것을 나누고자 시작된 작은 모임과 행동으로 출판사의 제안을 받아 책까지 쓰게 되었습니다.

　마인드맵을 통해 '나'를 설명하는 단어도 '엄마', '배우자', '의사'에서 '강사', '작가', '마인드매퍼'라는 새로운 역할이 추가되었습니다. 많은 분이 의사라는 직업을 보고 원래부터 공부를 잘했으니 마인드맵도 잘 그릴 수 있었을 거라고 생각합니다. 그러나 저는 성적이 탁월한 학생은 아니었습니다. 저는 경북에 있는 영남대학교 공과대학에 진학했습니다. 학교를 밝히는 이유는, 사람들이 흔히 말하는 서울대나 연고대 같은 이름 있는 명문대나 의대를 수능 성적으로 들어간 사람이 아니라 정규 분포 정점과 가까운 자리에 속하던 사람임을 알리기 위해서입니다. 물론 제가 나온 학교를 낮출 마음은 없습니다. 그 안에서 인생의 터닝 포인트가 될 교수님도 만났으니까요. 대학 졸업 후 2년간 공부해서 의과대학에 편입했습니다.

　이러한 경험을 통해 공부 근력은 성장할 수 있음을 깨달았습니다. 나이가 들면서 끈기가 생기고 생각도 깊어집니다. 가토 도시노리는 『사소하지만 굉장한 어른의 뇌 사용법』에서 뇌의 최전성기를 40대 후반에서 50대라고 이야기합니다. 50대 이후로도 다양한 경험들이 쌓이면 지혜로 전환되며 뇌는 녹슬지 않습니다. 인생에서 겪은 성공과 실패, 사람들과의 관계, 지속적인 학습을 통해 얻은 경험들은 단순한 정보가 아니라 상황을 판단하고 문제를 해결하는 능력으로 전환됩니다. 이렇게 축적된 경험들은 나이가 들어 새로운 상황에 대처하는 지혜가 됩니다. 이제 우리가 진짜 원하는 공부를 해야 할 때입니다. 나에게는 지금이 가장 성과가 좋은 시기며, 그 이유가 마인드맵 덕분이라고 자신 있게 말할 수 있습니다.

마인드맵은 단순한 요약이 아닙니다. 마인드맵은 생각하는 방법을 훈련하는 과정입니다. 훈련을 통해 충분히 일정 수준에 도달할 수 있으며, 그 과정에서 생각의 정리와 확장을 경험하게 됩니다. 마인드맵을 그리기 시작하면 어디에든 적용하고 싶어집니다. 마인드맵을 통해 모든 생각의 조각을 연결하고 확장해나가고 싶어집니다.

책이나 강의를 듣고 잘 '요약한 이후'에야 마인드맵을 잘 그릴 수 있는 것이 아닙니다. 이미 정리된 생각을 그리는 것은 예쁜 기록에 불과합니다. 마인드맵의 핵심은 그리는 과정에 있습니다. 단순히 정보를 정리하는 것을 넘어, 혼란스러운 생각들을 시각적으로 정리하고 핵심과 세부 사항을 구분하게 됩니다. 이러한 과정을 통해 정보의 요약과 기억, 깊이 있는 사고가 가능해집니다. 그래서 마인드맵을 생각하는 도구라고 말할 수 있는 것입니다.

이 책은 마인드맵을 그리는 사람이 되는 길을 돕기 위해 썼습니다. 마인드맵을 실제로 활용할 수 있는 실용서로서, 마인드맵을 처음 시작하는 사람들을 위해 재료 준비부터 그리는 방법까지, 마인드맵 과정의 모든 것을 담았습니다. 그리기나 중심 키워드를 선택하는 팁과 같은 초반의 어려움을 극복하는 방법, 마인드맵을 생활에서 활용하는 방법, 마인드맵을 다시 읽으며 해석하는 방법도 포함했습니다. 또한 처음에 내가 마인드맵을 그리며 했던 실수와, 운영 중인 강의를 통해 마인드맵을 시작하는 선생님들에게서 많이 발생했던 실수를 교정하여 시행착오를 줄이는 방법도 예와 함께 담았습니다. 마인드맵을 그리는 실제의 모든 것을 담은 책이라고 자부합니다.

생각 정리의 기술 실천편

마인드맵의 이론보다는 실질적인 활용을 담은 책을 만드는 과정은 쉽지 않았습니다. 그 과정을 글로 표현하는 데 많은 고민이 필요했습니다. 이미 제게는 당연해진 과정을 처음으로 되돌아가 다시 설명하는 일은 기쁨인 동시에 큰 노력이 필요한 일이었습니다. 이 책이 나오기까지 저를 응원하고 도와주신 많은 분들께 감사의 마음을 전합니다. 특히 기꺼이 마인드맵을 공유하여 자료로 사용하게 해주신 강의 수강생 선생님들께 깊이 감사드립니다.

2025년 1월

조혜영

차 례

저자의 말 | 004

제1부 마인드맵 그리기 | 013

1. 변화하는 삶 | 015
   내 삶의 시작은 생각 정리에서 | 생각과 기록의 도구 마인드맵
   지식이 쌓이는 매핑 | 변화 성장의 궤도

2. 마인드맵 준비물 | 029
   마인드맵 시작하기 | 아날로그 준비물 | 디지털 준비물

3. 마인드맵 구성 요소 | 043
   이미지 | 가지 | 키워드 | 색깔 | 방사형

제2부 여러 가지 마인드맵 | 069

1. 생각의 흐름 | 071

2. 연상 마인드맵 | 075

3. 일기 마인드맵 | 078

4. 감정 마인드맵 | 082

5. 여행 마인드맵 | 086

6. 독서 마인드맵 | 091
   마인드맵을 그리기 위한 독서 | 영역별 독서 마인드맵 | 에세이, 소설, 그림책
   지식서, 자기 계발서 | 여러 권, 여러 장의 마인드맵

7. 강의 마인드맵 | 139

    마인드맵을 그리기 위한 준비 | 강의와 영상 콘텐츠의 활용
    짧은 영상과 마인드맵 연습

8. 글쓰기 마인드맵 | 146

    책 읽고 글쓰기 | 영화 보고 글쓰기 | 얼개 짜고 글쓰기

9. 그 밖의 마인드맵(발표, 전시, 모임) | 152

제3부 마인드매퍼가 되는 길 | 159

1. 자기 치유의 마인드맵 | 161

    나로 시작하는 마인드맵 | 나를 알아가는 마인드맵 | 삶을 정리하는 마인드맵
    불안을 잠재우는 마인드맵 | 일을 가치 있게 만드는 마인드맵

2. 마인드매퍼의 실전 | 189

    마인드맵 그리기의 팁 | 많이 하는 실수 | 지속하기 위한 장치
    손으로 그리는 디지털 마인드맵 | 누구를 위한 마인드맵인가? | 저장과 활용
    AI 시대의 마인드맵 | 질문과 답변 | 마인드맵 사례 모음

에필로그 | 242

참고 문헌 | 245

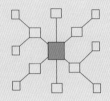

마인드맵이란

'기억하고 싶은 내용과 확장하고 싶은

생각의 키워드를 적고 펼쳐나가는 것'이다.

마인드맵으로 그려지지 않는 생각의 조각은 없다.

복잡한 내용도 중심 이미지를 그리고 주제를 적어 넣으면

그 안에서 생각이 자연스럽게 구조화된다.

그 과정을 통해 내가 성장하고 있다는 사실을

눈으로 확인할 수 있다.

제 1 부

마인드맵 그리기

DRAWING A MIND MAP

1. 변화하는 삶

내 삶의 시작은 생각 정리에서

우리는 모두 하고 싶은 일도, 해야 할 일도 많다. 이 시대에 자기 계발은 필수가 되었고, 세상은 무언가를 이루어야 하는 방향으로 우리를 내몰고 있다. 하지만 우리가 배운 것들은 대부분 우리의 꿈과는 거리가 멀다. 우리는 스스로를 제대로 알지 못한 상태에서 타인의 꿈을 욕망했고, 그 결과 지금 각자의 자리에 서 있다. 그러나 무엇이든 해야 한다는 급한 마음에 자신을 들여다볼 시간 없이 또다시 남들이 좋다고 하거나 세상이 추천하는 것을 따라가면 결국 공허함만 남게 된다.

자기 계발은 자신을 아는 것에서 시작된다. 그 과정에서 마인드맵은 큰 도움이 될 수 있다. 마인드맵에 익숙해지고 마인드맵이 삶의 습관으로 자리 잡으면, 개인의 성장은 물론이고 삶에서 중요한 도구를 얻는 것과 같다. 마인드맵은 단순한 기록 도구를 넘어 깊이 있는 생각을 펼치고 사고의 가지를 확장하는 데 힘을 준다.

마인드맵을 만나기 전에 나는 깊이 있게 생각하는 경험이 부족했다. 머릿속 생각은 항상 이리저리 뛰어다녀 집중력을 잃곤 했다. 책을 읽거나 공부할 때도 조금이라도 이해가 안 되거나 지루해지면 생각이 길을 잃었다.

하지만 마인드맵을 그리면 다른 생각이 끼어들 틈이 없다. 가지를 그려나가면서 그 뒤를 이을 키워드를 찾는 과정이 집중을 유지하게 해준다. 처음에는 마인드맵이 어색했지만, 중심 이미지는 생각이 흩어지지 않도록 계속해서 나를 주제에 묶어두었다. 종이 한 장과 펜 하나만 있으면 충분하다. 마인드맵을 그리는 동안 누군가 방해하지 않는 한, 키워드가 떠오르는 한, 계속해서 주제에 집중할 수 있다.

하나의 주제를 깊이 생각해보는 경험은 사고의 방식을 익숙하게 만든다. 마치 공식처럼 생각이 확장된다. 마인드맵 한 장을 완성했다는 것은 깊이 있는 생각을 이어간 작은 성공의 경험이 된다. 이러한 경험이 쌓이면 다른 주제를 다룰 때도 자연스럽게 중심 가지를 펼칠 수 있다. 마인드맵을 그리면 말하는 능력도 좋아진다. 비록 실제로 그리고 있지는 않더라도 머릿속에서 마인드맵을 그리며 생각을 정리하기 때문이다.

마인드맵 그리기가 자연스럽게 되는 상태는 또 하나의 자유다. 쉽고 간편하게 생각을 정리하고 확장할 수 있는 자유다. 이 자유를 누리기 위해 노트를 가로로 펼치고 지금 나와 마인드맵 그리기를 함께 시작해보자.

생각과 기록의 도구 마인드맵

하루는 몇 가지 의식적인 행동과 대부분의 습관적인 루틴으로 구성된다. 돌이켜보면 나는 정말 열심히 살아왔는데, 방향 없이 일정을 따라가는 하루가 피상적으로 반복될 뿐이었다. 하지만 기록이 시작되고 내가 원하는 방향이 생긴 후부터 상황은 달라졌다. 시행착오가 있었지만 기본적으로는 전진하고 있다. 그때 나를 도와준 도구가 바로 마인드맵이다. 마인드맵은 나에게 방향성을 부여했고, 사고방식을 유연하게 바꾸어주었다.

변화는 습관을 통해 이루어진다. 새로운 능력을 익히려면 의식적인 훈련이 필요하다. 시작부터 자연스럽고 완전할 수는 없다. 처음에는 맞지 않는 옷처럼 어색했던 마인드맵이 어느새 내 삶의 일부가 되어 루틴이 되었다. 나는 마인드맵을 일상에서부터 적용하기 시작했고, 점차 모든 기록에 활용하게 되었다. 이제 중요한 중심 키워드가 두 개 이상만 있으면 마인드맵 한 장을 완성할 수 있다. 단순히 내용을 정리하는 것을 넘어서 생각을 확장하는 데까지 이르렀다.

아침에 일어나 하루 계획을 세울 때 마인드맵을 활용하고, 책을 읽고 독서 내용을 정리할 때도 마인드맵을 그린다. 회의록을 작성하거나 발표 자료를 준비할 때도 마찬가지다. 처음에는 사람들이 내 방식에 대해 특이하다고 말했지만, 시간이 지나면서 이제 나를 '마인드맵을 그리는 사람'으로 인식하고 있다. 모임의 기록도, 하루를 정리하는 일기도 마인드맵으로 그린다. 여행 계획을 세울 때는 준비물과 여행 경로를 마인드맵으로 정리하고, 다녀와서는 사진과 감상을 함께 담아 마인드맵으로 나눈다. 복잡한 마음이 들 때도 키워드를 떠올리며 마인드맵을 그린다. 처음에는 한 장을 다 채우는 것이 어려웠지만, 어느덧 생각이 뻗어나가면서 한 장을 가득 채우게 되었다.

마인드맵이란 '기억하고 싶은 내용과 확장하고 싶은 생각의 키워드를 적고 펼쳐나가는 것'이다. 마인드맵으로 그려지지 않는 생각의 조각은 없다. 마인드맵은 내 생각의 방법이다. 키워드를 중심으로 뻗어나가는 생각의 모양이 재미있고, 마인드맵을 완성한 후에 하나의 그림처럼 가득 채워진 결과물을 보면 뿌듯하다. 아무리 복잡한 내용이라도 중심 이미지를 그리고 주제를 적어 넣으면 그 안에서 생각이 자연스럽게 구조화된다. 그 과정을 통해 내가 성장하고 있다는 사실을 눈으로 확인할 수 있다.

마인드맵을 그리면서 나는 새로운 방향을 찾았다. 복잡한 하루를 시작하거나 새로운 프로젝트를 맡아 막막할 때, 마인드맵을 그리면 상황의 방향과 순서를 정리하고 해결책을 찾을 수 있었다. 생각의 길이 막힐 때도 마인드맵을 통해 흐름이 다시 이어졌다. 정답을 알려주지는 않았지만 마인드맵은 결정을 내리고 선택할 수 있는 계기를 마련해주는 도구가 되었다.

감정의 문제나 인간관계처럼 복잡한 상황도 마인드맵으로 정리할 수 있다. 우리는 종종 스스로의 마음을 잘 안다고 생각하지만 실제로는 그렇지 않을 때가 많다. 마인드맵을 통해 생각을 나열하고 본질을 찾아가다 보면 내가 진짜 원하는 것이 무엇인지, 문제의 핵심이 무엇인지 발견하게 된다. 이러한 과정을 통해 내가 할 수 있는 일을 찾고, 그 일을 실행에 옮기며 변화가 시작되었다.

이제 마인드맵은 나의 습관이 되었고, 생각을 구조화하는 이 습관은 내 삶을 조금씩 변화시켰다. 마인드맵을 그리면서 나는 생각의 깊이를 넓혀갔다. 반복되는 그리기 과정은 표면에 머물던 생각을 깊이 탐구하게 해주었고, 문제의 본질을 파악하는 길을 마련해주었다. 이 과정을 반복하다 보면 펜을 들지 않은 순간에도 생각이 자연스럽게 마인드맵의 방사형으로 펼쳐진다.

마인드맵을 통해 나의 하루가 변했고, 그 하루들이 모여 내 삶이 변하기 시작했다. 하루를 계획하고 정리하는 과정은 더 이상 단순한 목록 작성에 그치지 않는다. 마인드맵을 통해 중심 주제를 설정하고, 그 주제와 관련된 생각들을 가지처럼 펼쳐나가면서 내 삶의 방향을 시각적으로 볼 수 있게 되었다. 그러한 하루가 쌓이며 목표를 향해 조금씩 나아가는 내 모습이 점점 더 명확해졌다.

변화는 단번에 이루어지지 않는다. 작은 습관들이 쌓여 큰 변화를 끌어낸다. 마인드맵은 그 작은 습관을 만드는 도구가 되었다. 아침에 일어나 하루를 준비할 때, 복잡한 문제로 마음이 불안할 때, 새로운 프로젝트를 시작할 때, 마인드맵은 방향을 정리하고 필요한 선택을 도와주는 역할을 했다.

이제 나는 마인드맵으로 생각하고 계획하고 행동하는 것이 익숙하다. 감정의 흐름도, 인간관계의 복잡함도, 삶의 작은 목표들도 마인드맵으로 정리하면서 더 명확하게 파악할 수 있게 되었다. 마인드맵은 나를 성장시키는 도구일 뿐 아니라, 나를 이해하고 나를 표현하는 수단이 되었다.

이제 나는 방향 없이 살아가지 않는다. 매일 아침 마인드맵으로 하루를 계획하고, 저녁에는 그 결과를 돌아본다. 반복되는 과정에서 나는 점점 더 나아지고 있다. 내가 가고자 하는 방향이 확실해졌고, 그 길을 가기 위한 작은 발걸음을 꾸준히 내딛고 있다. 마인드맵은 내 삶을 구조화하고, 혼란스러운 생각들을 명확하게 정리하며, 내가 바라는 삶을 만들어가는 데 중요한 역할을 하고 있다. 마인드맵은 나의 삶을 바꾸는 작은 시작이었지만, 그 결과는 아직도 여전히 커지고 있다.

지식이 쌓이는 매핑

책을 읽으면서 내 삶에 가장 큰 변화가 생겼다. 책을 읽고 내용을 정리하는 작업은 독서의 마무리를 위한 중요한 과정이었다. 지식을 내 것으로 만들고 기억하기 위해 문장을 필사하는 것은 책을 떠나보내면서 내 안에 남기려는 노력이다. 마인드맵은 이런 역할을 한 장의 그림으로 해냈다. 한 장을 그리고 나면 미련 없이 책을 책장에 꽂아두거나 빌린 책을 반납할 수 있었다.

이제 독서 후에 마인드맵 한 장을 만드는 것은 자연스러운 루틴이 되었다. 이것은 의도적으로 만든 습관이다. 처음에는 쉽지 않았다. 지식을 쌓는 일을 습관처럼 반복하는 데는 시간이 걸렸지만, 그 과정에서 효과를 체험하면서 점차 노력에 대한 부담감은 줄어들고 더 많은 것을 기억하고 싶은 욕구가 생겼다. 쌓인 마인드맵은 나의 부지런함과 성취의 증거이자 지식의 원천이 되어 즐거움과 자신감을 주었다. 마인드맵을 다시 보면 자연스럽게 중심 이미지와 중심 키워드를 떠올리며 책 내용을 복습할 수 있었다. 책을 덮고 난 후에도 그 내용은 계속해서 내 머릿속에서 떠올랐다.

독서 마인드맵의 키워드는 저자가 사용한 단어일 수도 있지만, 내가 분류하고 종합한 결과물이므로 나의 언어로 정리된 지식이다. 중심 키워드를 따라가면서 책 한 권을 요약하고 회상하는 작업은 책을 한 줄로 요약하는 것과도 같다. 더 깊이 들어가 중심 키워드의 하위 가지들을 보면 책의 세부적인 내용까지 떠올리며 복습할 수 있다. 요약이 어려운 부분은 마인드맵에 페이지 번호를 표시해두면 나중에 쉽게 찾아볼 수도 있다.

특히 지식서나 자기 계발서를 읽을 때 마인드맵의 중심 가지는 중요한 주제를 나타낸다. 이러한 키워드는 독서를 통해 얻은 지식을 말과 글로 표현하는 중요한 매개체가 된다. 책과 책이 만나고, 과거의 나와 현재의 내 생각이 연결되면서 새로운 아이디어가 떠오르기도 했다. 이 과정이 바로 창의적인 생각의 시작이었다.

책을 읽다 보면 내 수준에서 이해하기 어려운 책을 만나기도 한다. 마인드맵은 어려운 책의 내용을 지금의 나에게 맞게 구조화할 수 있도록 도와준다. 그릇에 담을 수 있는 양만큼만 담는 것처럼, 마인드맵은 내가 소화할 수 있는 핵심 내용을 선택하고 정리할 수 있게 해준다. 중심에 이미지를 두고 내가 이해한 키워드를 적어나가다 보면 내가 이해한 범위 내에서 책을 설명할 이야기가 완성된다.

마인드맵을 통해 책을 이해하고 정리하면서 독서 자체가 의미 있는 경험으로 남게 되었다. 이 경험은 책을 꾸준히 읽게 되는 힘이 되어주었다. 작은 그릇을 100에서 1,000으로 키우는 것은 이러한 반복적인 과정을 통해 가능해졌다.

마인드맵은 독서뿐만 아니라 발표나 글쓰기를 할 때도 큰 도움이 되었다. 상위 키워드는 중요한 내용을, 하위 키워드는 세부적이고 구체적인 내용을 담는 방식 덕분에 마인드맵을 그리지 않아도 핵심을 쉽게 파악할 수 있게 되었다.

"다른 사람이 한 번 해서 능하면 나는 백 번 하면 되고, 다른 사람이 열 번 해서 능하면 나는 천 번 하면 된다."

내가 좋아하는 중용 20장의 구절이다. 과거의 나는 결과를 빨리 내는 사람이 아니었다. 느리게 이해하고 여러 번 반복해야 알 수 있었다. 하지만 이제는 조급해하지 않는다. 마인드맵이라는 도구를 통해 글을 쓰고 발표하며 결과를 만들어내는 데 자신감을 얻게 되었다. 마인드 맵 한 장을 완성하는 작은 성공의 경험은 또 다른 도전을 불러왔고 또 다른 성과로 이어졌다.

예전에는 고전 소설을 읽을 때 연도만 나오면 역사적으로 뭐가

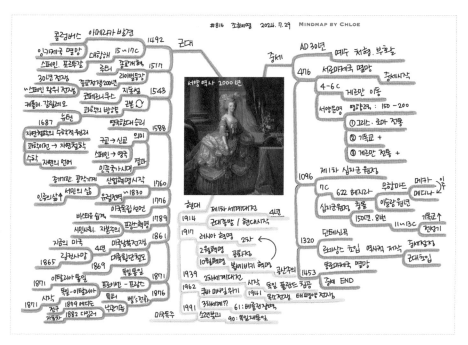

지식 1

언제 있었는지 매번 찾아봐야 했다. 유튜브 정리 영상을 보고 마인드맵으로 그리고 나니 이제 〈지식 1〉만 보면 대충의 흐름을 알 수 있어서 좋다.

변화 성장의 궤도

코로나로 세상이 닫혀 집에 무한대기하던 시기에 소속감을 느끼고 자기 계발을 하고 싶어 온라인 공부 커뮤니티에 들어갔다. 그곳에서의 첫인상은 막막함이었다. 그동안 의사로서 열심히 살아왔지만 '나다운 삶'에 대해서는 깊이 생각해본 적이 없었다. 성인이 되어 제대로 읽고 쓰는 법을 배우면서 나다운 인생을 살기 위한 기초를 하나씩 쌓아갔다. 나는 의대를 졸업하고 이후로도 의사로서 많은 공부를 해온 사람이다. 직업을 위해, 돈을 벌기 위해 자격증을 준비했고, 자아실현을 위해 전문 지식을 쌓고 자기 계발에도 힘썼다. 하지만 세상과 나, 다른 사람들을 이해하는 진정한 공부는 거의 해본 적이 없었다. 이런 심오한 것들은 대부분 책에 담겨 있었다. 그 내용을 소화하고 이해하는 가장 좋은 방법은 기록하는 것이었다. 제대로 된 공부 시작 시점에 나의 글쓰기 수준은 초등학교 4~5학년 정도에도 미치지 못했다. 어떤 주제에 대해 두 문단을 쓰기도 어려웠다. 지금까지의 공부는 목적을 이루기 위한 실용적인 수단일 뿐이었다. 평생 배우고 성장해야 한다는 말은 현인의 말씀처럼 들렸고, 대부분 실천하기 힘든 이야기라고 생각했다.

그곳에서 나다움이란 생각 끝에 마인드맵을 만났다. 시작은 우연이었다. 가끔 질문을 받는다.

"왜 하필 마인드맵을 선택하게 되었나요?"

정말 그렇다. 세상에는 다양한 필기법이 있다. 복주환의 『생각정리 스킬』에 따르면 기록법만 해도 300개가 넘는다고 한다. 그런데 나는 왜 마인드맵을 선택했고, 지금까지 계속 사용하고 있을까? 답을 미리 말하면, 마인드맵은 단순한 기록을 넘어 내 사고를 시각적으로 정리하고 복잡한 문제를 명확하게 풀어갈 수 있게 도와주는 도구다. 마인드맵을 그리면서 얻은 체계적인 정리와 생각의 확장은 다른 어떤 기록법보다도 나에게 효과적이었다.

사람들은 어떤 결정을 할 때 흔히 '기회비용'을 생각한다. 기록법으로만 본다면 도해 표현, 비주얼 씽킹, 로직 트리, 만다라트 등 여러 가지가 있다. 그런데 왜 하필 마인드맵일까? 마인드맵이 최선의 선택이 아니고 더 나은 다른 기록법이 있다면, 마인드맵을 그리던 시간은 낭비가 되는 걸까? 실패하고 더 좋은 기록법으로 바꾸려면 힘들지 않을까? 이런 고민에 빠져 의욕이 떨어지고 결국 아무것도 하지 않게 되는 경우가 많다. 같은 고민을 반복하다가 아무런 변화도 일어나지 않는 것이다.

세상일이란 다 그렇다. 절대적인 정답은 없다. 모든 사람에게 최고의 방법은 존재하지 않는다. 작은 기록법 선택에서부터 인생의 큰 결정에 이르기까지, 결국 인생은 완벽하지 않은 선택들로 이루어진다. 시행착오를 줄이기 위해 이미 성공을 거둔 사람들의 조언을 듣지만, 그것 역시 여러 선택지 중 하나일 뿐이다. 중요한 것은 선택하고, 그 선택을 실현해 나가는 자신이다. 나는 마인드맵을 선택했고, 그 선택을 믿었다. 마인드맵을 하며 내가 배운 가장 큰 가치는 '내 선택을 믿는 것'이었다.

제일 처음에 그린 마인드맵은 엉망이었다. 가지도 빈약하고 어떻게 확장할지 몰라 혼란스러웠다. 지금 보면 너무 서툴러서 오히려 소중하게 느껴질 정도다(〈처음 1〉, 〈처음 2〉). 10장, 20장을 그렸을 때도 괜찮지 않았다. 그만두고 싶은 순간도 많았다. 하지만 '500장을 그려보고 판단하자'라는 생각이 나를 이끌었다.

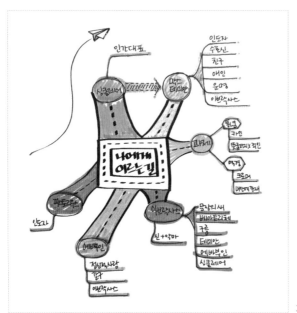

처음 1

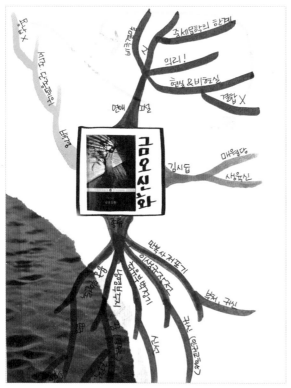

처음 2

나는 내 마인드맵을 다른 사람의 것과 비교하지 않았다. 그렇게 할 수 있었던 이유는 마인드맵을 그리면서 내 생각과 마음이 정리되는 효과를 직접 경험했기 때문이다. 예쁘게 그리고 싶다는 마음은 100번째 마인드맵을 그릴 때까지였다. 200장쯤 그렸을 때부터 더 아름답게 그리려는 것에서 내 생각을 더 명확하게 정리하는 것에 초점이 맞춰졌다.

이제 마인드맵은 내 일상의 일부가 되었다. 생각이 정리되고, 삶이 정리되며, 성과도 눈에 보이는 궤도에 들어섰다.

이미 큰 노력을 기울인 상황에서 다른 방법으로 바꿔야 한다면 내가 그린 1,000장의 기록은 의미 없는 시간일까? 그렇지 않다. 그 모든 시간에 나의 성장과 배움의 과정이 있다. 만약 마인드맵이 다른 도구로 대체된다고 해도 그동안 쌓은 경험은 내 안에 남아 있다. 한 장 한 장 쌓아온 마인드맵은 나에게 단순한 기록을 넘어 생각하는 방법을 배우게 했다. 이 성장의 시작은 나의 선택이었다.

자신을 믿는 데는 선택을 올바른 길로 만들어가는 지속적인 노력이 필요하다. 무언가를 할 때 그만둘 이유는 수없이 많다. 나도 자기 의심 때문에 유지해야 할 것들을 포기한 적이 여러 번 있다. 물론 그것도 하나의 선택이다. 더 중요한 선택을 지키기 위해, 그 선택을 정당화하기 위한 노력은 길고 지루할 수 있다. 아무리 열심히 해도 아무 일도 일어나지 않는 날들이 많다. 그것은 견디기 어려운 과정이다.

그만두고 싶을 때마다 내가 사용하는 방법이 있다. '한 달만 더 해보고 결정하자!'라는 것이다. 이 다짐을 통해 스스로에게 시간을 주고 감정을 가라앉히며 새로운 기회를 열어둔다. 부정적인 감정이 의욕을 떨어뜨리고 권태가 생길 때 그 유혹에 넘어가 그만두면 결국 후회하게 된다. 자신을 믿지 못하는 근거가 쌓이게 된다. '한 달만 더 해보자'라는 다짐으로 살아남은 두 가지가 있다. 바로 새벽 기상과 마인드맵이다. 이 두 가지는 지금 나를 만들어가는 중요한 바탕이 되었다. 물론 매달 성찰에서 성장도 보람도 느낄 수 없다면 다른 선택을 해야 할 수도 있다.

나는 특별한 재능이 있는 사람이 아니다. 단단한 내면도 없어서, 나보다 잘하는 사람들을 보며 부러워하고 괴로워했다. 그러나 도전할 때마다 끊임없이 노력했고 그 결과 성장했다. 도전하고 노력하는 것, 지속하고 포기하지 않는 것, 그것이 내가 잘할 수 있는 전부였다. 가는 길에 몇 번이나 물러서기도 했고, 방향에서 벗어나기도 했다. 지금 돌아보면 평탄해 보이는 성장 과정에도 굴곡과 시련이 많았다.

대단한 결과를 이뤘다고 말할 수는 없다. 나는 여전히 꿈을 향해서 가는 중이다. 그 길에서 만난 기회 중 하나가 마인드맵이다. 내가 가는 길 끝에 무엇이 있을지는 알 수 없지만 그 길을 걷는 동안 마인드맵을 통해 나는 한 단계 성숙했다. 마인드맵을 내 안으로 흡수하며 쌓아온 경험은 앞으로도 또 다른 삶의 도구들을 정복해나갈 내 미래의 밑거름이다.

생각 정리의 기술 실천편

2. 마인드맵 준비물

마인드맵 시작하기

마인드맵을 그려보고 싶어도 여러 가지 이유로 시작하기가 어렵다. 어떤 사람은 옆에 있는 아무 노트나 펼쳐서 검은 펜으로 쓱쓱 그리기 시작하지만, 어떤 사람은 '어떤 노트가 좋은지', '어떤 펜이 좋을지' 고민하느라 첫 선을 그을 기회조차 만들지 못하기도 한다. 나는 처음부터 그냥 시작하는 편이지만 유튜브 채널을 운영하면서 이런 준비 단계에서 고민을 하는 사람이 많다는 걸 알게 되었다. 실제로 댓글 질문 중 절반 이상이 재료에 관한 것이었다. 그 마음도 이해가 된다. 만약 마인드맵을 그리다가 뒷면에 잉크가 비치면 이어 그리기가 힘들어지고, 여러 노트를 옮겨다니면서 작업해야 하면 보관도 어렵고 필요할 때 찾아보기 힘들 수도 있다.

그래서 이번에는 마인드맵을 그리는 준비 단계에서 생기는 고민을 해결해주고자 한다. 나는 궁금한 게 생기면 그냥 시작하는 성격이지만, 처음 시작할 때 시행착오를 줄일 수 있는 조언이 있었다면 더 좋았을 것이다. 그랬다면 내 마인드맵 노트들이 사방에 흩어져서 모으기 힘든 상태가 되지는 않았을 것이다. 그 점이 조금 아쉽다.

지금 나는 태블릿에서 아날로그 느낌으로 손 마인드맵을 그리고 있다. 디지털 방식으로 전환한 이유는 공유와 보관, 활용, 수정이 훨씬 편리하기 때문이다. 태블릿을 사용하기 전에는 약 120장의 아날로그 마인드맵을 그렸고, 디지털로는 1,000장을 채웠다. 그 과정에서 나만의 방식을 찾게 되었다. 이제 정착하게 된 준비물에 관해 이야기하려고 하는데, 이건 어디까지나 나의 개인적인 취향이다. 내가 시행착오 끝에 찾은 최적의 재료들이니 이를 참고해서 각자 자신만의 취향을 찾아가길 바란다.

아날로그 준비물

아날로그 마인드맵은 120장 정도를 그렸다. 120장이라고 하면 다소 적어 보일 수도 있지만, 마인드맵을 그리면서 취향이 생기고 그려나가는 방식에 익숙해지는 데는 충분한 경험이다.

아날로그 마인드맵을 그릴 때 필요한 가장 기본적인 준비물은 펜과 종이다. 조금 더 세부적으로 나누면, 키워드를 적을 검정 펜과 이미지를 그리거나 가지를 색칠할 사인펜이나 색연필, 그리고 이를 담을 종이나 노트가 있어야 한다. 다시 말하지만 어떤 것을 사용할지는 모두 개인의 취향과 선택의 문제다. 이제 내가 선택한 물건들과 그 이유, 마인드맵을 그리면서 형성된 준비물 선택의 원칙들을 소개하겠다.

펜의 용도는 중심 이미지와 키워드를 그리는 것이다. 밑그림을 그리기 위해 연필을 사용하고 지우개로 수정할 수도 있지만, 가능하면 간단한 이미지를 바로 그리는 것을 추천한다. 우리의 목적은 마인드맵을 그리는 것이지 그림을 잘 그리려는 것이 아니다. 주객이 전도되어 이미지 그리기에 집중하면 쉽게 지치고 마인드맵을 정보와 생각을 정리하는 도구로 오랫동안 사용하기 어렵게 된다. 간단하고 쉽게 접근할수록 오랫동안 지속할 수 있다. 이미지 그리기는 반복할수록 나아지니 과감하게 시도해보길 바란다.

중심 이미지는 얇은 펜으로 그려도 괜찮지만 더 눈에 띄도록 사인펜을 사용하는 것도 좋다. 나는 시간을 절약하기 위해 간단하게 중심 이미지를 그릴 수 있는 검정 사인펜을 선호한다. 그중에도 펜 끝이 납작한 2mm 지그^{ZIG} 캘리그래피 펜을 주로 사용한다. 이 펜은 테두리를 그린 후에도 번짐 없이 색을 칠할 수 있어서 좋다. 펜이나 수성 사인펜을 사용하고 색연필로 색을 칠하는 것도 좋은 방법이다. 단, 테두리를 그릴 때 네임펜이나 유성펜을 사용하면 종이 뒷면에 비칠 수 있어 뒷면을 사용할 계획이라면 피하는 것이 좋다. 지그 캘리그래피 펜은 한쪽에 2mm, 다른 쪽에 3.5mm 또는

준비물 1

준비물 2

5mm 팁이 있다. 나는 5mm는 너무 두꺼워서 2mm/3.5mm 조합을 사용한다.

키워드를 적는 데는 검정 펜을 사용한다. 개인적으로 볼펜보다 젤펜의 사용감을 더 좋아한다. 펜을 선택할 때 고려해야 할 기준은 두 가지다. 첫째, 펜이 너무 얇지 않아야 한다. 펜이 얇으면 마인드맵이 빈약해 보일 수 있다. 나는 보통 0.5mm 펜을 사용한다. 이 굵기가 키워드를 적기에 적당하고 마인드맵의 가지와 잘 어울린다. 둘째, 펜이 빨리 마르고 번지지 않아야 한다. 마르는 속도가 느린 펜이나, 마른 후에도 덧칠할 때 번지는 펜은 피하는 것이 좋다. 마인드맵이 지저분해질 수 있기 때문이다.

생각 정리의 기술 실천편

물론 이 기준은 절대적인 것이 아니다. 나는 좀 더 풍성하게 보이길 원해 굵은 펜을 사용하지만, 얇은 펜을 좋아한다면 얇은 펜을 써도 괜찮다. 또 색칠할 때 색연필을 주로 사용한다면 번질 걱정이 없어서 검정 펜은 어떤 것을 사용해도 무방하다.

색깔을 표현하는 사인펜이나 색연필도 필요하다. 색깔은 이미지와 가지를 표현하는 데 사용된다. 만약 부드러운 느낌이나 그라데이션 효과를 좋아한다면 색연필을 사용하면 된다. 나는 진한 표현을 좋아해서 사인펜을 사용한다. 전문가용 사인펜도 많이 있지만 실제로 사용해보면 결국 자주 쓰는 몇 가지 색상만 사용하게 된다. 그래서 몇 가지 기준만 충족한다면 비싼 사인펜은 굳이 필요 없다. 내가 사인펜을 선택한 기준을 소개하겠다.

첫째, 가지를 그리기에 적당한 두께여야 한다. 너무 굵거나 얇지 않은 2~3mm 두께가 적당하다. 내용이 많을 때는 2mm, 적을 때는 3mm 정도가 적합하다. 둘째, 번짐이 없어야 한다. 어떤 사인펜은 검정 펜을 번지게 할 수 있기 때문에 사용하기 전에 번짐 여부를 꼭 확인해보는 것이 좋다. 셋째, 수정 테이프 위에도 색이 잘 나와야 한다. 마인드맵을 그리다 보면 수정이 필요한 경우가 생긴다. 수정 테이프 위에서도 색이 잘 나오는 사인펜이 좋다. 넷째, 양면 사용을 원한다면 뒷면에 비치지 않아야 한다.

이 기준으로 선택한 사인펜이 메탈릭 사인펜이다. 검색창에 '메탈릭 사인펜'이라고 검색하면 쉽게 찾을 수 있다. 메탈릭 사인펜을 선택한 가장 큰 이유는 수정 테이프 위에서도 색이 잘 나오기 때문이다. 하지만 꼭 메탈릭 사인펜이 아니어도 된다. 형광펜을 사용해

준비물 3

도 좋고, 본인이 만족할 수 있다면 어떤 펜을 사용하든 상관없다. 중요한 것은 자신에게 맞는 도구를 찾아서 꾸준히 사용하는 것이다.

종이는 가로로 길게 놓고 사용하는 것이 좋다. 우리가 글씨를 가로로 쓰기 때문에 가로로 확장해서 그리는 것이 자연스럽다. 마인드맵을 그릴 때 사용하는 종이는 카드와 노트 두 가지가 있다. 노트는 제본 노트와 스프링 노트로 구분할 수 있다. 종이의 크기는 제한이 없으니 원하는 것을 선택하면 된다.

종이를 고를 때도 몇 가지 기준이 있다. 첫째, 누적할 수 있어야 한다. 새로운 것을 배우거나 작업할 때 성과가 쌓이며 눈에 보이면 계속할 힘을 얻을 수 있다. 따라서 묶어둘 수 있는 종이를 권한다.

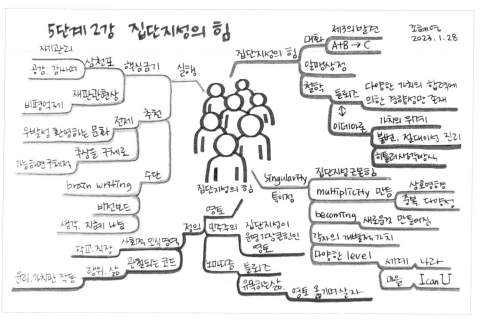

종이는 가로로 사용한다

카드에 구멍을 뚫어 링으로 묶거나 노트를 사용하면 좋다. 낱장으로 사용하는 경우는 드물지만, 필요하다면 끼우고 빼기 쉬운 링 노트를 사용할 수도 있다. 둘째, 비침이 적은 종이가 좋다. 대개 종이가 두꺼울수록 비침이 적지만 꼭 그렇지는 않다. 나는 얇고 장수가 많은 노트를 선호한다. 셋째, 휴대가 편리한 크기여야 한다. A4 용지나 더 큰 종이에 마인드맵을 그려도 문제는 없지만, 어디서나 가지고 다닐 수 있다면 활용도가 높아진다. 이런 이유로 카드를 사용할 때는 가로 길이 19cm 정도의 크기를 사용하고, 노트는 A5 크기를

끼우고 빼기 편리한 링 노트

로이텀 A5 노트

생각 정리의 기술 실천편

선호한다.

제본 형태는 개인의 취향에 따라 선택하면 된다. 제본 노트도 특별한 불편함은 없었다. 같은 노트로 모아갈 수 있도록 몰스킨이나 로이텀 같은 제품을 사용하면 단종될 걱정 없이 시리즈처럼 예쁘게 모을 수 있다.

제본 노트를 사용할 때 내지 선택도 중요한데, 보통은 아무 가이드 선이 없는 무지를 사용하지만 모눈 노트도 방해가 되지는 않았다. 하지만 노트의 선이 진하거나 줄이 있는 노트는 추천하지 않는다. 선이 진하면 마인드맵을 그리는 데 자유롭지 못하고, 줄 노트는 마인드맵의 가로 확장성과 맞지 않아 방해가 될 수 있기 때문이다.

- 마인드맵을 그릴 때 내가 선택한 아날로그 준비물을 간략하게 정리하면 다음과 같다.

  검정 사인펜(중심 이미지) : 2mm/3.5mm 지그 캘리그래피 / 적당한 굵기, 번짐이 적음

  검정 젤 펜(키워드) : 0.5(0.4) 굵기 제브라 사라사 마크온 / 0.4 굵기 파이로트 볼펜 쥬스업 / 적당한 굵기, 빨리 마름, 번짐이 적음

  사인펜(가지, 이미지) : 메탈릭 사인펜 / 적당한 굵기, 수정 후 사용, 번짐이 적음

  노트 : 로이텀 A(무지, 방안) / 펼침, 종이질, 비침 적음, 이동 용이

디지털 준비물

디지털 마인드맵 준비물로는 몇 개 안 되는 태블릿 브랜드 중 하나를 고르면 충분하다고 생각할 수도 있다. 디지털로 마인드맵을 그리는 사람들이 많이 사용하는 것은 아이패드와 프로크리에이트라는 애플리케이션이다. 프로크리에이트는 그림 전문가들도 사용하는 앱이다. 나는 핸드폰과 PC에서 안드로이드를 주로 사용하고 있었지만 마인드맵을 지속적으로 그리기 위해 고민 끝에 아이패드를 구매했다. 처음에는 마인드맵을 그릴 기대에 부풀어 있었는데, 애플리케이션을 설치한 후에는 혼란스러워졌다. 종이 형태와 크기부터 여러 설정이 있었고, 사용할 수 있는 펜도 매우 많아 선택이 쉽지 않았다.

디지털 애플리케이션은 사용하다 보면 자연스럽게 익숙해지지만 시작할 때는 난감해서 정보를 검색했다. 유튜브에서 간단한 시작 방법만 배우려고 했는데 검색하자마자 수천 개의 영상이 쏟아졌다. 초보자를 위한 영상도 끝없이 많아 선택하기 어려웠다. 영상의 대부분이 그림 그리기에 중점을 두고 있어서 내 용도와는 맞지 않았다. 결국 한 장을 그려보기 위해 종이를 선택하고 그리기 시작했지만, 펜을 바꿀 때마다 너무 많은 선택지에 부담을 느꼈고, 한 장을 그리는 데 종이에 그리는 것보다 훨씬 더 시간이 오래 걸렸다. 결과물도 그리 만족스럽지 않았다.

기본 세팅이 되어 있다면 마인드맵을 시작하는 것이 훨씬 쉬워진다. 일단 시작한 후 점차 자신에게 맞춰가면 된다. 그래서 처음에

생각 정리의 기술 실천편

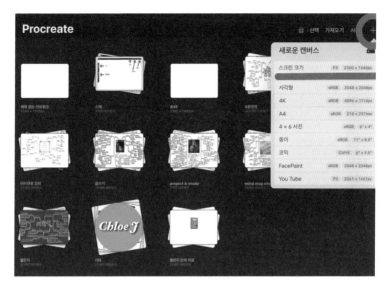

디지털 1

무엇을 골라야 할지 고민될 때 따라 해볼 수 있도록 프로크리에이트의 기본 설정을 공유하고자 한다. 세부적인 부분은 그리다 보면 자연스럽게 익숙해질 것이다. 중요한 것은 시작을 해야 자기만의 취향을 찾을 수 있다는 점이다.

프로크리에이트의 첫 화면에서 '+'를 눌러 새로운 캔버스를 선택한다(《디지털 1》). A4 사이즈로 설정해도 되지만 '스크린 크기'로 설정하면 가장 간편하다. 프린트나 공유 등의 일반적인 사용에도 별다른 문제가 없었다.

디지털 마인드맵을 작성할 때도 키워드와 가지에 다른 펜을 사

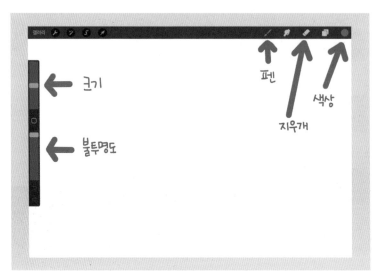

디지털 2

용한다. 키워드 작성에는 일정한 굵기를 유지해 깔끔한 느낌을 주는 '모노라인' 펜을 사용하는데, 내용이 많을 때는 얇게, 적을 때는 두껍게 설정한다. 모노라인 크기는 10으로 사용하며, 불투명도는 진한 검정 글씨를 위해 100%로 설정한다. 모노라인은 '서예' 카테고리에서 찾을 수 있다.

가지에 색을 넣을 때는 '드라이잉크' 펜을 사용한다. 굵기는 10을 기준으로 하고, 불투명도는 80%로 설정하는 것을 선호한다. 취향의 문제인데, 불투명도를 100%로 선택하면 검정 펜이 완전히 가려지므로 약간의 투명도를 남겨서 선이 보이게 하는 것이 좋다. 드라

생각 정리의 기술 실천편

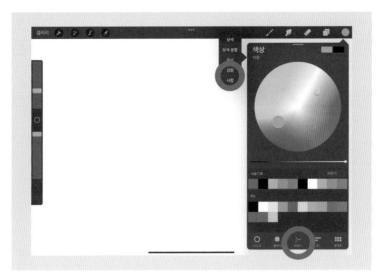

디지털 3

이잉크는 '잉크' 카테고리에서 찾을 수 있다. 가지를 그릴 때는 다른 펜을 시도해보며 자신에게 맞는 것을 찾아보는 것도 좋은 방법이다.

색상 선택도 쉽지 않다. 프로크리에이트 안에는 세상의 모든 색상이 다 있다고 생각하면 된다. 심지어 사진을 찍어 원하는 색을 추출할 수도 있다. 마인드맵에서 색깔은 중심 이미지를 꾸미거나 가지를 그릴 때 필요하다. 태블릿의 장점은 직접 그리지 않고 외부 이미지를 가져올 수 있다는 점이다. 가지를 그릴 때 사용할 색상을 중심으로 이야기하면, 오른쪽 위의 색상 아이콘을 누르면 '디스크' 형식으로 되어 있는 것을 '하모니'로 변경할 수 있다. 여기서 '삼합' 또는

'사합'을 선택하면 3~5개의 가지를 그릴 때 색상 선택의 고민을 덜 수 있다(《디지털 3》).

지우개도 펜처럼 다양한 선택지가 있다. 나는 넓은 영역을 쉽게 지울 수 있고 번짐 효과가 없는 '하드에어브러시'를 선호한다. 크기는 지울 영역에 맞게 조절하면 된다. 하드에어브러시는 '에어브러시' 카테고리 맨 아래에 있다.

프로크리에이트는 다 쓸 수 없을 만큼의 다양한 기능이 있다. 펜을 직접 만들어 사용하거나 도장을 만들어 찍을 수도 있고, 이미지 일부를 복사하여 반복적으로 표현하거나 외부 이미지에서 색상을 추출하는 등 여러 가지 활용이 가능하다. 하지만 마인드맵에 익숙해지지 않은 상태에서 프로크리에이트까지 학습해야 하는 부담을 줄이기 위해 여기에서는 그러한 고급 기능을 다루지 않는다. 프로크리에이트의 주요 목적은 마인드맵을 그리기 위함이므로 주제에 집중하자.

마인드맵에 완전히 익숙해질 때까지는 아날로그 방식으로 그리기를 권한다. 최소한 50장은 아날로그로 그려서 마인드맵 자체에 익숙해지는 것이 좋다. 디지털 마인드맵도 종이에 펜으로 그리듯이 간단하고 쉽게 접근해야 한다. 지속적으로 반복하다 보면 다양한 기능을 자연스럽게 활용할 수 있게 되고, 그 과정에서 자신만의 취향도 생겨난다.

생각 정리의 기술 실천편

- 애플리케이션

  아이패드 : 프로크리에이트

  갤럭시 탭 : 스케치북(안드로이드에서 사용하고 싶다면 '스케치북'이라는
  어플을 사용할 수 있다.)

- 내가 선택한 프로크리에이트의 기본 설정을 간략하게 정리하면 다음
  과 같다.

  스크린 : 스크린 크기

  펜(서예 - 모노라인, 잉크 - 드라이잉크)

  　모노라인(키워드) : 크기 10(9~12), 불투명도 100%

  　드라이잉크(가지) : 크기 10(10~12), 불투명도 80%

  컬러 : '하모니'의 '삼합' 또는 '사합' 선택

  지우개(에어브러시-하드에어브러시)

  　하드에어브러시 : 크기 자유, 불투명도 100%

3. 마인드맵 구성 요소

마인드맵을 사용하면 좌뇌와 우뇌를 함께 활용할 수 있어 기억력
이 오래 지속될 뿐만 아니라 생각이 확장되고 창의적인 사고를 하
는 데도 효과적이다. 『토니 부잔의 마인드맵 북』에서는 우뇌의 기

능을 리듬, 공간 지각, 전체성, 상상, 공상, 색상, 입체로 설명하고, 좌뇌의 기능을 단어, 숫자, 논리, 순서, 선, 분석, 목록으로 설명한다. 마인드맵은 키워드와 숫자, 논리 등 좌뇌의 기능을 활용하면서 동시에 색상, 이미지, 전체성 등 우뇌의 기능을 함께 사용하여 창의적이고 기억에 도움이 되는 생각을 기록할 수 있는 도구다.

이미지

이미지는 텍스트보다 이해하기 쉬워서 빠르게 기억할 수 있는 장점이 있다. 이해하기 쉽게 예를 들어보겠다. 아파트의 앞뒤에 있는 베란다는 진짜 베란다가 맞을까? '테라스 하우스 2층'이라고 해서 펜션을 예약했는데 진짜 테라스가 맞을까? 네이버 국어사전의 정의를 확인해보자.

> 베란다 : 위층이 아래층보다 면적이 좁을 때, 위층과 아래층의 면적 차로 생긴 부분
> 발코니 : 건축물의 외벽에 접하여 부가적으로 설치되는 공간
> 테라스 : 실내에서 직접 밖으로 나갈 수 있도록 방의 앞면으로 가로나 정원에 뻗쳐 나온 곳

다시 한번 물어보겠다. 우리 집의 '베란다'라고 부르는 그곳은 정말 베란다가 맞을까? 2층 '테라스'에서 휴가를 즐겼다는 말은 정말 맞는 표현일까? 나는 '베란다, 발코니, 테라스'의 사전적 정의를

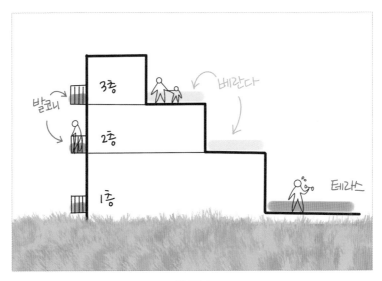

이미지 1

읽었을 때, 읽는 것만으로는 세 단어의 차이를 완벽히 이해하지 못했다. 이제 그림으로 한 번 더 살펴보자(《이미지 1》).

그림으로 보니 읽었을 때는 잘 이해되지 않았던 개념이 쉽게 이해되었다. 우리가 아파트에서 보통 '베란다'라고 부르는 공간은 '발코니'고, 펜션 2층의 공간은 '테라스'가 아니라 '베란다'라는 사실도 명확히 알게 되었다.

온은주의 『비주얼 씽킹으로 하는 생각 정리 기술』에 따르면, 시각은 정보 처리의 75%를 담당하는데, 이미지로 하는 생각 방식은 좌뇌와 우뇌를 동시에 활용하는 사고법으로 정보를 더 오래 기억하게 도와준다고 한다. 이처럼 이미지로 한 기억은 사전의 설명을 읽었을 때보다 훨씬 오래 지속된다. 이미지는 우리가 개념을 직관적으로 이해하도록 돕고, 연관된 생각을 떠올리거나 기억하는 데 큰 도움을 준다.

마인드맵은 텍스트의 이미지화라고 할 수 있다. 마인드맵 이미지에는 중심 이미지와 작은 이미지가 있다. 중심 이미지는 마인드맵의 주제로, 마인드맵 가운데에 위치하게 된다. 이 이미지는 주제를 상징하고, 그 주제에서 더 많은 생각이 확장되도록 돕는 역할을 한다. 확장된 생각들은 다시 주제로 모이게 되어 마인드맵 한 장이 시작되고 영감을 주는 근원이 된다. 마인드맵의 모든 가지는 중심 이미지에서 뻗어나가기 때문에, 중심에 주제에 해당하는 글자를 넣

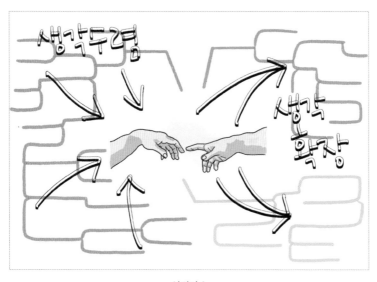

이미지 2

는 대신 이미지를 넣어 더 창의적인 연상작용이 일어나도록 한다.

　마인드맵에는 또한 작은 이미지들이 들어간다. 작은 이미지는 키워드를 더 잘 이해할 수 있도록 옆에 그리거나 가지 자체를 대신하기도 한다. 마인드맵에 작은 이미지를 그리면 마인드맵의 가지가 단어가 아니라 사진처럼 머릿속에 남게 된다. 이렇게 이미지로 만들어 우뇌를 활성화하면 기억에도 좋다. 키워드를 간단한 그림으로 표현하거나 당시의 느낌을 표정으로 나타내는 것, 또는 상징적인 이미지를 추가하는 것도 좋다. 종이에 직접 그릴 때는 바로 떠오르는 것을 그려도 되고, 이미지 검색을 통해 따라 그려도 괜찮다. 검색한 이미지를 프린트해서 붙이는 방법도 있다. 프린트할 때는 보통 A5 크기 노트 기준으로 4cm x 4cm 크기가 적당하다. 다이어리 꾸미기 용품이나 스티커를 사용하여 이미지 효과를 높이는 것도 가능하다.

　마인드맵 〈이미지 3〉은 하루 계획을 세운 것이다. 직장에서 교육 시험을 준비해야 해서 연필과 종이, 그리고 시험을 준비하며 긴장하는 표정을 그렸다. 아침에 마인드맵으로 계획을 세우면 나중에 '오늘 어떤 일이 있었지?' 하고 떠올릴 때, 〈이미지 4〉의 긴장된 표정 그림이 가지와 키워드와 함께 사진처럼 머릿속에 떠오른다. 이것이 바로 마인드맵의 기억 효과다.

　이미지는 사진처럼 기억에 남아 쉽게 잊히지 않는다. 그림 그리기를 어색해하거나 시간 낭비라고 생각하는 사람도 있는데, 그림 그리는 시간을 줄이기 위해 디지털 도구를 사용하면 기억 효과는 오히려 줄어들 수 있다.

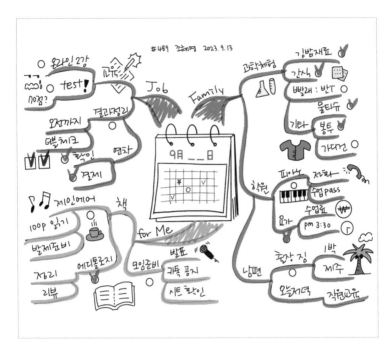

이미지 3

이미지 4

생각 정리의 기술 실천편

마인드맵 한 장을 그리는 데 한 시간이 걸려서 부담스럽다는 이야기를 종종 듣는다. 하지만 그만큼의 생각 작용을 경험했다면 틀림없이 기억에 긍정적인 영향을 끼쳤을 것이다. 특히 이미지를 그리며 사진처럼 찍힌 기억은 잘 잊히지 않는다.

이미지를 찾고 그리는 구체적인 방법을 알아보자. 이미지를 익숙하게 그리려면 노력이 필요하다. 머릿속의 이미지를 손으로 바로바로 표현하는 사람은 그저 부러울 뿐이다. 하지만 우리 대부분은 성인이 된 후 그림을 그리지 않아 단순화한 이미지가 떠오르지 않는다. 따라서 그릴 이미지가 필요하다. 나는 주로 구글 이미지를 이용한다. 구글 이미지를 검색해서 그리기 쉬운 '아이콘'으로 검색하거나, '이미지'로 들어가 '도구'에서 '선화'를 선택해서 따라 그린다 (《이미지 5》).

태블릿을 이용해 중심 이미지를 찾을 때는 구글 이미지를 활용

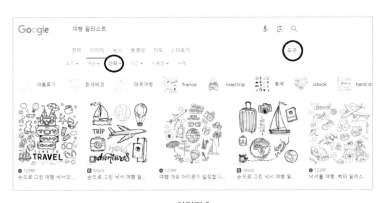

이미지 5

하거나 생성형 AI를 사용한다. 처음 AI를 만났을 때, 저작권에 대한 걱정 없이 사용할 수 있는 이미지가 있다는 사실에 기뻤다. 그런데 사용할수록 어딘가 모르게 어색했다. AI에 더 친숙해지면 앞으로는 활용이 늘어나지 않을까 싶다. 현재는 구글 이미지를 선호하는 편이다. 픽사베이처럼 무료 이미지를 사용할 수 있는 곳에서 내려받아 사용해도 좋다. 내가 구글링을 하는 이유는 인공지능부터 픽사베이까지 모든 이미지를 한꺼번에 검색할 수 있어서 이미지를 찾는 데 시간이 단축되기 때문이다(구글 이미지를 가져올 때 '상업적 이용'이 예상되면 반드시 공개 도메인을 확인하고 사용해야 한다).

가지

생각의 확장은 가지로 뻗어나가며 표현한다. 중심 이미지에서 바로 이어지는 가지를 '중심 가지' 또는 '메인 가지'라고 한다. 중심 가지에서 다시 뻗어나가는 가지를 '부가지' 또는 '세부 가지'라고 한다. 이 둘은 상하 관계에 있다. 중심 가지는 상위 개념을, 세부 가지는 하위 개념을 표현하는데, 이런 관계는 집합처럼 이해하면 된다.

예를 들어 '음식 재료'라는 주제가 있다면, 중심 가지로는 해산물, 육류, 채소와 같은 큰 카테고리가 온다. 각각의 중심 가지에서 뻗어나가는 세부 가지는 각 중심 가지에 속한 더 작은 개념들이다. 해산물에는 어류, 갑각류, 조개류가 있고, 어류는 고등어, 연어, 삼치, 꽁치로 나눌 수 있다. 갑각류는 새우, 가재, 게로 세부 가지가 나

가지 1

뉜다. 집합에서 항목을 분류하듯이 마인드맵에서는 생각이나 지식
을 상·하위로 구분하여 표현한다.

마인드맵의 가지는 나뭇가지와 비슷하다. 하나의 큰 줄기에서
굵은 가지가 뻗어나가고, 다시 그 가지가 갈라지는 방식이다. 중심
이미지에서 뻗어나가는 중심 가지는 좀 더 굵게 표현한다. 중심 가
지 위에 올라가는 키워드는 중요한 포괄적인 의미가 있다. 가지 위
에는 한 개의 키워드만 올려놓는다. 이 키워드는 하나의 단어나 의
미 단위를 의미한다.

가지를 그릴 때는 〈가지 2〉의 오른쪽 '해산물' 가지처럼 선을 하
나로 이어서 그린다. 왼쪽 '채소' 가지처럼 단어와 단어 사이를 선으

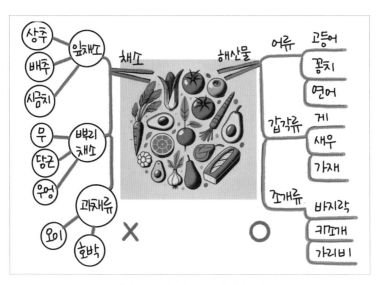

가지 2 : 음식 재료로 그린 마인드맵

로 그리면 가지가 중간에서 끊긴 것처럼 보이기 때문에 그렇게 그리는 것은 마인드맵이라고 보기 어렵다. 가지 전체를 나뭇가지가 연결되듯이 이어서 그린다. 마지막 가지 끝에서 생각이 더 뻗어나가게 하기 위한 시각적인 방법이다.

가지의 모양은 다양하게 그릴 수 있다. 곡선으로 그려도 되고, 직선을 사용해도 된다. 여러 모양을 그려보며 자신에게 잘 맞는 방법을 찾아가는 것이 좋다. 내 경우, 곡선보다는 직선으로 그릴 때 공간 활용이 더 쉬워 직선을 주로 사용한다.

어떤 배움이든 모방에서 시작된다. 다른 사람의 방식을 따라서 해보면 빠르게 익숙해지고 결과적으로 자신만의 스타일을 찾게

생각 정리의 기술 실천편

된다. 처음 마인드맵을 그렸을 때 가장 어렵게 느꼈던 부분이 가지의 모양이었다. 어색하게 그려진 가지는 어설픈 모양만큼이나 마음에 들지 않았다. 만족스럽지 않으면 그만두기 쉽다. 가지 모양을 안정되게 그리기 위해 나는 구글 이미지 검색을 통해 다양한 마인드맵을 살펴보고, 그중에서 제일 마음에 드는 것을 골라 그대로 따라 그려보았다. 이 과정을 통해 마인드맵의 형태가 어느 정도 안정되고 나니 그리기에 더 열중할 수 있는 동력이 생겼다.

중심 가지를 그릴 때 이미지를 활용하면 재미와 아름다움을 더할 수 있다. 앞에서도 언급했지만 이미지를 활용할수록 더 오래 기억할 수 있다. 사랑에 대한 마인드맵을 그릴 때는 중심 가지를 하트

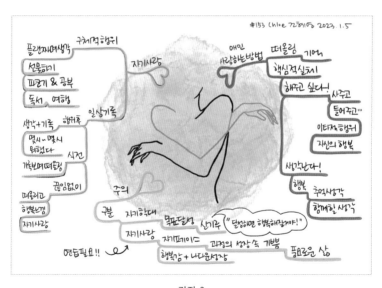

가지 3

모양으로, 글쓰기 주제는 연필 모양으로, 식사라는 주제에서는 수저를 그리는 식이다.

토니 부잔이 소개하는 가지 그리는 법에는 가지 사이에 경계선을 그려서 정리하는 방법도 있다. 큰 가지에서 뻗어나간 작은 가지들에 잎사귀처럼 경계를 그려주는 것은 복잡한 마인드맵을 깔끔하게 구분하는 데 도움을 준다.

가지 그리기의 핵심은 공간 활용이다. 가지 그리기에 익숙해질수록 종이 전체를 가득 채우는 마인드맵을 만들 수 있다. 한 장을 골고루 채워 자신만의 가지 모양을 찾기 바란다. 마인드맵의 가지 모양은 다양한 시도와 반복을 통해 점점 발전한다.

마인드맵의 가지가 뻗어나가는 것은 생각의 확장과 같다. 어떤 주제는 생각이 잘 뻗어나가지만 그렇지 않은 때도 있다. 컨디션에 따라 잘 생각나지 않을 때도 있다. 마인드맵을 그리다가 생각이 멈추면 빈 가지를 먼저 그려보는 것도 좋다. 사람은 빈 곳을 채우고 싶어 하는 경향이 있다. 빈 가지를 그리고 다른 부분을 먼저 채우다 보면, 나중에 빈 가지에 자연스럽게 생각이 채워지는 경우가 많다.

그래도 어려울 때는 질문이 도움이 된다. 중심 이미지와 관련된 육하원칙(누가, 언제, 어디서, 무엇을, 어떻게, 왜)을 사용하여 가지를 채울 수 있다. '어떻게how', '왜why', '무엇을what'과 같은 질문을 떠올리면, 종이에 뻗어나갈 가지가 넘쳐날지도 모른다. 이 방법은 나가타 도요시의『생각 정리의 기술 1』에서 소개한 생각을 확장하는 방법이면서『토니 부잔의 마인드맵 북』에서 가지를 채워가는 팁으로 설명한 것 중 하나이기도 하다.

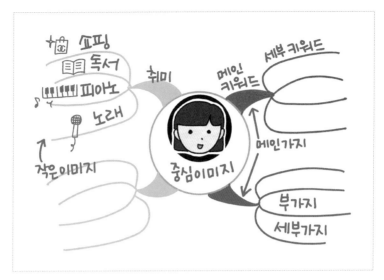

가지 4

키워드

중심 가지에 올라가는 키워드를 중심 키워드, 중심 가지에서 뻗어 나오는 세부 가지에 올라가는 키워드를 세부 키워드라고 한다. 가지와 마찬가지로 중심 키워드와 세부 키워드는 포함 관계와 종속적 의미가 있다. 세부 키워드는 반드시 중심 키워드에 포함되어야 한다. 예를 들어 과일, 수박, 사과, 바나나라는 단어가 있다면 과일이 수박, 사과, 바나나를 포함하게 된다. 따라서 키워드로 분류하자면 중심 키워드는 과일, 세부 키워드는 수박, 사과, 바나나가 된다.

키워드는 생각을 연결하는 중요한 방법이자 하나의 의미 단위

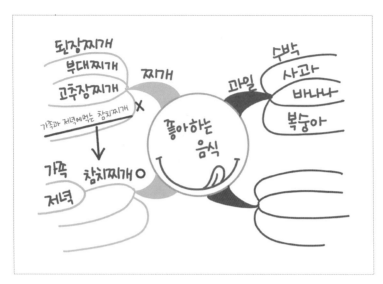

키워드 1

다. 단순히 '한 단어'를 말하는 것이 아니다. 키워드는 가능한 한 짧게 표기하는 것이 좋지만, 하나의 의미를 담기 위해 2~3개의 단어가 필요하다면 그것도 괜찮다. 그러나 느슨하게 설명하면 키워드가 점점 길어질 수 있다. 기억하지 못할까 봐 자세히 기록하고 싶은 욕구에서 시작되는 것인데, 키워드가 길어질수록 마인드맵은 이미지에서 멀어지고 기억하기도 어려워진다. 그래서 키워드를 간결하게 줄여가며 나 자신을 믿는 훈련을 할 필요가 있다.

어떤 키워드를 어떻게 쓸지는 전적으로 내 선택이다. 바른 키워드인지를 판단하려면 그 키워드가 상위 키워드와 종속 관계에 있는지 확인하면 된다. 책의 목차에도 장과 절의 구조로 상·하위 개념

생각 정리의 기술 실천편

이 나뉘는 것처럼, 마인드맵에서도 중심 키워드는 더 큰 의미 단위를 나타낸다. 마인드맵을 그릴 때 세부 키워드에서 중심 키워드로 거슬러 올라가면서 잘되고 있는지를 확인하는 것도 좋은 방법이다.

〈키워드 2〉는 일기 마인드맵이다. 상위 개념인 중심 가지에 '카페', '감정', 'SEE(되돌아보기)'를 넣었다. 중심 가지인 '카페' 아래에는 카페에서 있었던 일을, '감정' 아래에는 하루 동안 느꼈던 감정을 세부 가지로 확장해 넣었다. 'SEE' 아래에는 '성찰의 4L(liked/좋았던 점, learned/깨달음이나 배운 점, lacked/부족하고 아쉬웠던 점, longed for/기대한 점)'과 감사를 정리했다. 만약 여기에 오늘 했던 일을 추가하고 싶다면, 이미 있는 중심 가지에 넣기보다는 '한 일'이라는 새로운 중심

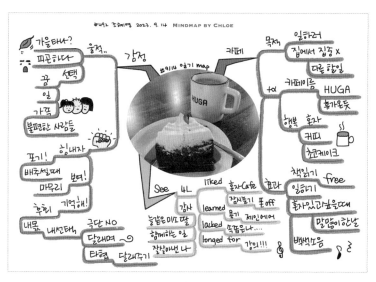

키워드 2

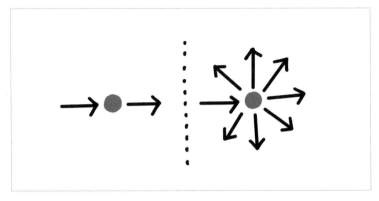

키워드 3

키워드를 만들어 확장하는 것이 좋다.

키워드는 크게 회상 키워드와 창의 키워드로 나눌 수 있다. 회상 키워드는 정보를 정리하고 다시 회상하기 위해, 즉 기억하기 위해 주로 사용된다. 내용을 다시 회상하거나 복습할 목적으로 그리는 마인드맵에 회상 키워드를 많이 이용한다. 독서나 강의를 듣고 나서 그리는 마인드맵이 여기에 해당한다. 〈키워드 3〉의 왼쪽 그림은 보라색 키워드를 보고 당시의 내용을 떠올릴 수 있다. 회상 키워드는 비교적 자세한 내용을 기억하기 위해 수식어가 붙은 구 형태를 사용할 때도 많지만, 내용이 길어져 사고를 제한하거나 이미지를 방해하지 않도록 늘 주의해야 한다. 나 역시 이 부분을 신경 쓰며 노력하고 있다. 보통 2단어 이내로, 최대한 3단어를 넘기지 않으려고 한다.

〈키워드 3〉의 오른쪽 그림은 창의 키워드를 나타낸다. 하나의

생각 정리의 기술 실천편

단어에서 여러 가지 생각이 확장되는 모습이다. 창의 키워드는 특정한 내용을 기억하기보다는 새로운 생각을 끌어내는 데 도움을 준다. 하나의 주제에서 연상되는 생각들을 확장해나가는 방식으로, 주로 연상 마인드맵을 그릴 때 사용된다. 생각의 확장을 돕기 위해 되도록 한 단어로 간결하게 표현하는 것이 좋다.

그러나 이것은 극단적인 예시일 뿐이다. 실제로는 회상과 창의 키워드 두 가지가 대개 혼합되어 사용된다. 독서 마인드맵을 만들 때 중요한 지식은 회상 키워드를 사용하여 기록하고, 느낌이나 감상은 창의 키워드를 사용하여 표현할 수 있다. 이렇게 하면 나중에 마인드맵을 보면서 지식은 다시 복습하고 감정이나 생각은 더 확장

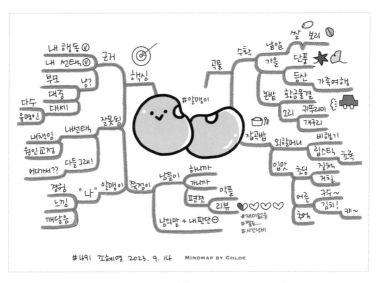

키워드 4

할 수 있게 된다.

〈키워드 4〉는 알맹이라는 주제를 이용해서 회상 키워드와 창의 키워드로 마인드맵을 그린 것이다. 완두콩 그림(중심 이미지)에 알맹이라는 주제가 붙어 있다. 여기서 '핵심'과 '곡물'이라는 중심 가지가 뻗어나왔다.

핑크색 가지는 창의 키워드다. 알맹이를 떠올리니 '곡물'이 떠올랐고 거기에서 수확과 잡곡밥이라는 세부 가지가 나왔다. 잡곡밥은 외할머니를 떠올리게 했고 결국 할머니의 초록 립스틱까지 생각이 흘러갔다. 알맹이에서 초록 립스틱까지 넓어져 가는 생각이 창의 키워드의 역할이다. 생각은 여기에서 끝나지 않는다. 알맹이에서 곡물로 간 키워드는 가족 여행까지 확장된다. 노력하지 않아도 머릿속에서 가족 여행에서 뻗어나가는 키워드들을 생각하게 된다. 제주, 푸른 바다, 칠순……. 이미 적어놓은 창의 키워드를 보면서 거기까지 회상하는 게 아니라 창의 키워드를 타고 생각이 더 멀리까지 퍼진다. 바로 그게 창의 키워드의 역할이다. 이렇게 하나의 생각에서 마구 뻗어나가는 대로 표현한 마인드맵이 연상 마인드맵이다.

보라색 가지는 회상 키워드다. '핵심'을 한번 살펴보자. '알맹이 있는 주체적인 삶을 살아야 한다'라는 주제로 글을 쓰기 위해서 얼개 짜기를 한 마인드맵이다. 회상 키워드로 만든 마인드맵을 보면 내가 어떤 생각으로 그렸는지 당시의 생각을 떠올릴 수 있다. 기억하고 재현해내기 위해서 사용하는 키워드인 회상 키워드로 글쓰기 마인드맵을 그리면 글쓰기의 주제를 처음에 기획한 대로 이끌고 나갈 수 있다. 회상 키워드로 펼쳐진 보라색 가지 내용을 한번 기억하고 재현해보겠다.

"우리는 알맹이 즉 핵심이 있는 삶을 살아야 한다. 누군가가 그렇게 말하기 때문이거나 다수가 해서 대세에 따르는 게 아니라 내 행동과 내 선택에 근거한, 직접 경험한 느낌과 깨달음을 통해서 내 선택을 책임지는 알맹이 있는 삶을 살아나가야 한다."

이처럼 키워드의 형태에 따라 마인드맵의 쓰임새가 달라진다. 창의 키워드는 간단하게 한 단어로 표현되고, 회상 키워드는 구의 형태로 더 길어지기도 한다. 그러나 형식에 얽매이지 않고 마인드맵의 목적에 맞게 구성하는 것이 중요하다. 또한 가능하면 글자 수를 줄여 텍스트보다 기억에 쉽게 남을 수 있도록 이미지화하는 것이 좋다. 가능하면 적은 단어의 의미 단위로 키워드를 표현하는 것이 핵심이다.

색깔

색깔은 마인드맵을 더 매력적이고 효과적으로 만드는 중요한 요소다. 색깔은 단순히 보기 좋게 하는 역할만 하는 것이 아니라, 마인드맵을 쓰는 사람의 집중력과 기억력을 높이고 창의적인 생각을 자극하는 데 큰 도움을 준다. 이는 우리 뇌의 창의적인 부분을 자극하는 색채의 힘 덕분이다. 색깔은 마인드맵의 가장 중요한 목표인 '이미지화'를 이루게 하는 핵심적인 요소라고 할 수 있다.

마인드맵을 그릴 때 중심 가지부터 세부 가지까지, 각각의 가지를 하나의 색으로 통일해서 표현하면 마인드맵이 잘 정리된 느낌을 주고, 각 가지의 관계를 쉽게 구분할 수 있다. 파스텔 톤을 사용하면 부드럽고 편안한 느낌을 주고, 원색을 사용하면 생동감 있고 강렬한 느낌을 준다. 색깔 선택은 마인드맵을 그리는 사람의 취향에 따라 자유롭게 선택하면 된다.

특정한 의미로 색깔을 사용하는 것도 마인드맵을 더 효과적으로 만드는 좋은 방법이다. 예를 들어 감정이나 생각을 마인드맵으로 표현할 때, 중요한 부분에는 금색 사인펜을 사용하여 강조할 수 있다. 특정한 색깔에 특별한 의미를 부여하면 마인드맵을 더 풍부하고 자신만의 독특한 의미로 가득 차게 만들 수 있다. 자신이 좋아하는 색이나 상징적인 색을 가장 중요한 가지에 사용한다면 그 마인드맵은 더욱 특별한 의미를 가질 것이다. 드니 르보의 『생각 정리의 기술』에서는 자기만의 규칙과 의미 두기를 통해 해석에 효과를 높이라고 말한다. 규칙과 의미로 색깔을 사용할 수 있다.

색깔을 사용하는 것은 마인드맵의 창의성과 효율성을 높이는데 매우 중요한 역할을 한다. 〈색깔 2〉는 〈색깔 1〉에 색을 추가한 것이다. 색이 들어가면 각 가지가 서로 다른 색으로 구분되어 전체 구조를 한눈에 쉽게 이해할 수 있다. 이는 마인드맵을 단순한 기록 도구가 아닌, 직관적으로 이해하고 기억하기 쉬운 이미지로 변환하게 만든다.

또한 색깔은 집중력을 높여준다. 다양한 색이 시각적으로 흥미를 끌어 마인드맵을 보는 동안 자연스럽게 집중할 수 있도록 도와준다. 이것은 공부하거나 강의를 들을 때 특히 유용하다. 주요 개념

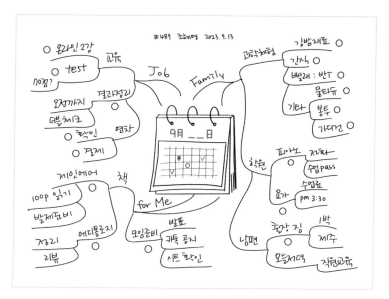

색깔 1

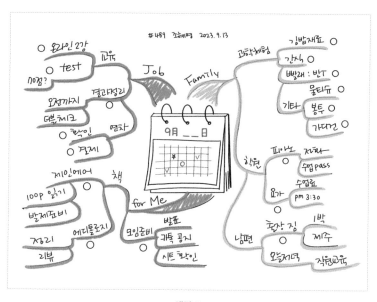

색깔 2

이나 키워드를 각기 다른 색으로 표시하면 나중에 복습할 때 쉽게 기억을 떠올릴 수 있다. 학창 시절에 공부할 때 중요한 부분에 형광펜으로 표시한 것처럼, 마인드맵에도 특별한 색을 입히면 색깔은 단순한 장식이 아니라 마인드맵을 효과적으로 기억하고 정리할 수 있게 도와주는 중요한 도구가 된다.

이미지와 색깔을 함께 사용하는 것도 중요하다. 좋은 마인드맵은 정보를 기록하는 것을 넘어 이미지와 색깔로 더 많은 것을 전달하려고 한다. 이미지는 우리의 창의적인 뇌를 활성화하여 창의적 사고를 도와주고 동시에 기억을 강화한다. 각 가지에 어울리는 이미지를 추가하고 그 이미지에 맞는 색을 사용하면, 마인드맵은 단순한 정보의 나열이 아닌 하나의 통합적인 시각 자료가 된다.

결국 마인드맵에서 색깔은 단순히 미적 효과만을 위한 것이 아니라 정보의 구조를 분명하게 하고, 창의적인 생각을 자극하며, 기억력과 집중력을 높이는 중요한 역할을 한다. 색깔을 잘 사용하면 마인드맵을 통해 더 풍부한 학습과 창의적인 경험을 할 수 있다. 자신만의 스타일로 색을 선택하고, 각 색에 의미를 부여해보자. 자신이 좋아하는 색으로 주요 가지를 칠하고, 그 과정에서 느낀 변화를 기록해보길 권한다. 마인드맵이 우리의 생각을 더 선명하게 시각화하고 새로운 영감을 주는 도구로 활용될 것이다.

방사형

머릿속의 생각은 하나의 중심에서 사방으로 퍼져나간다. 마인드맵도 중심 이미지에서 여러 방향으로 생각이 확장되는 형태를 가진다. 방사형이란 거미줄이나 바퀴살처럼 한 점이 중앙에서 사방으로 뻗어나가는 모양을 말한다. 나무의 가지가 사방으로 뻗어나가는 것과 비슷하다. 마인드맵은 뇌가 생각하는 방식과 비슷하게 시각화해 정보와 생각을 정리할 수 있는 도구다. 생각을 자연스럽게 확장하면서 그리기에 효과적이다. 다시 기억할 때도 방사형 모양 덕분에 쉽게 떠올릴 수 있다. 나뭇가지를 하나하나 따라가면서 전체

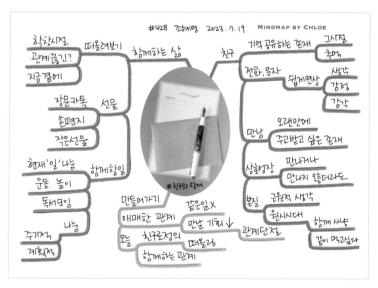

방사형 1

구조를 그려보는 것처럼 마인드맵을 통해 쉽게 기억이 되살아난다.

마인드맵의 좋은 점은 한 번 그리기 시작한 키워드에서 끝나는 것이 아니라 더 큰 방사형으로 계속 확장할 수 있다는 것이다. 나무가 자라면서 새로운 가지를 계속 내는 것과 같다. 계속해서 생각을 확장해나가는 것은 창의적 사고와 아이디어 확장의 핵심이 된다. 마인드맵은 지면이 허락하는 한 무한히 표현할 수 있으며, 그 이상의 생각까지도 가능하게 해준다. 그린 후에도 다음에 다시 봤을 때 가지의 끝에서 생각이 더 뻗어나간다.

〈방사형 1〉은 '친구와 함께하는 삶'이라는 주제로 그린 것이다. 중심에는 '함께하는 삶'이라는 키워드가 있고, 그 옆으로 '친구를 떠올려보기'라는 가지가 뻗어나간다. 그 세부 가지에는 '학창 시절', '연락이 끊긴 친구', '지금 곁에 있는 친구' 같은 키워드들이 있다. 이렇게 각 키워드를 보면서 머릿속에서 새로 가지를 만들어내듯, 친구의 이름을 떠올리거나 친구에게 어떤 선물을 줄지 생각해볼 수 있다. 예를 들어 학창 시절 친구라면 그 친구와 함께했던 추억이나 재미있는 에피소드가 자연스럽게 떠오른다. 이런 방식으로 단순한 기억에서 시작하여 구체적인 행동이나 감정까지 확장할 수 있다.

마인드맵은 생각을 자연스럽게 확장해준다. 실제로 같은 주제로 마인드맵을 여러 번 그리면 매번 새로운 생각이 떠오른다. '함께하는 삶'이라는 주제로 마인드맵을 그려보면서 친구와의 추억을 확장해보기를 추천한다. 마인드맵을 그리며 자기 생각이 어떻게 더 넓어지고 변화하는지 경험하는 것은 아주 의미 있는 일이 될 것이다.

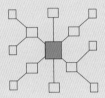

마인드맵의 종류에 따라 생각하는 방식도 달라진다.

강의를 정리하는 마인드맵은 정보를 범주별로 정리하는 것에서 시작한다.

반면에 생각을 정리하는 마인드맵은

떠오른 단어를 중심으로 생각을 확장해나가는 것만으로 충분하다.

두 유형은 반대처럼 보이지만 완전히 나뉘지는 않는다.

제 2 부

여러 가지 마인드맵

A VARIETY OF MIND MAPS

1. 생각의 흐름

마인드맵의 종류에 따라 생각하는 방식도 달라진다. 강의를 정리하는 마인드맵은 정보를 범주별로 정리하는 것에서 시작한다. 반면에 생각을 정리하는 마인드맵은 떠오른 단어를 중심으로 생각을 확장해나가는 것만으로 충분하다. 두 유형은 반대처럼 보이지만 완전히 나뉘지는 않는다. 앞에서 창의 키워드와 회상 키워드로 언급했는데, 회상이 목적인 강의 마인드맵에서도 자유롭고 새로운 생각을 추가할 수 있고, 떠오르는 생각을 시각화하는 생각 정리 마인드맵에서도 회상을 위한 지식을 정리할 수 있다.

이번에는 생각 정리 마인드맵이 어떻게 확장되는지 살펴보자.

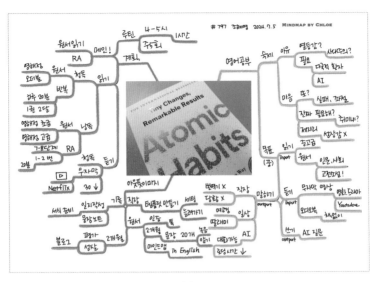

생각 1

　〈생각 1〉 마인드맵은 영어 공부에 어려움을 느끼던 시기에 그린 것이다. 주제는 영어 공부이며 연상과 계획의 요소가 섞여 있는 형태다. 마인드맵은 이렇게 여러 영역이 섞이는 경우가 많다.

　마인드맵은 생각과 지식 등 머리에서 일어나는 일을 시각화해서 확장하고 정리하는 방법이다. 분류는 목적에 따라 임의로 만들어진 것일 뿐이다. 처음 접할 때 막연할 수 있어서 목적에 따라 나누어 생각해보지만 결국 하나의 자유로운 표현임을 느끼는 날이 오리라 믿는다.

　우선 〈생각 1〉 마인드맵의 주제는 '영어 공부'다. 영어 공부에 관한 생각을 중심으로 마인드맵을 그리기 시작했다. 중심 가지에는

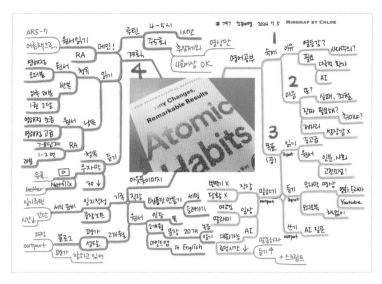

생각 2

'영어 공부'라고 적었다. 만약 구체적인 계획 없이 생각만 확장하려 했다면 중심 가지는 '숙제', '목표', '방법', 또는 '딸'과 같은 다른 주제가 될 수도 있었을 것이다.

마인드맵 〈생각 2〉를 보고 숫자를 따라가며 읽어보자.

① '영어 공부'라는 중심 가지에서 첫 번째로 떠오른 생각은 '영어가 해도 해도 끝나지 않는 숙제 같다'라는 것이었다. 여기에 공부를 계속하는 이유도 덧붙였다.

② 그다음에는 영어 공부를 하면서 느끼는 불안함과 답답함 같은 감정을 기록했다.

③ 영어 공부의 목표를 설정하고 읽기, 듣기, 말하기, 쓰기에서

나아가고 싶은 모습을 상상하며 적었다.

④ '계획'이라는 가지를 만들어 목표를 현실로 이루기 위한 일정을 세우고 공부할 분야를 결정했다. 읽기와 듣기에 집중하기로 한 후 구체적인 공부 방법을 세부 가지로 확장했다.

⑤ 마지막으로 '아웃풋 이미지'라는 중심 가지를 추가하여 직장에서 사용할 템플릿 작성, 원서 읽기, 문장 노트 작성, 블로그 평가 같은 구체적인 목표를 설정했다.

'중심 키워드를 잘못 적으면 어떡하지?'라는 고민을 할 수도 있을 것이다. 그런데 마인드맵에서 가장 중요한 것은 '나는 잘하고 있다. 정답은 없다'라는 것이다. 마인드맵은 언제든지 확장할 수 있다. 새로운 아이디어가 떠오르면 언제든지 추가하면 된다. 나도 〈생각 2〉에서 빨간색으로 추가해보았다.

마인드맵을 그릴 때 주의할 점이 있다. 하나의 가지를 완전히 다 그리고 나서 다음 가지로 넘어가기보다 다른 생각이 떠오르면 바로 새로운 가지를 그리고 다시 돌아가는 것이 좋다. 중심 가지를 모두 미리 정해놓고 그리기도 하지만 그렇지 않은 경우도 많다. 마인드맵을 시작할 때 최소 2개 이상의 중심 가지를 생각하고 시작하면 도움이 된다. 마인드맵의 주제에 크고 중요한 키워드를 2개 이상 갖고 시작하면 편하다는 말이다.

> • 계획 마인드맵을 그려보자. 마인드맵은 실습과 활용을 위한 도구다. 독서 계획, 운동 계획, 공부 계획 등 지금 떠오르는 주제로 '계획 마인드맵'을 만들어보자. 먼저 중심 가지를 설정하고 각 세부 가지를 확장해보자.

생각 정리의 기술 실천편

2. 연상 마인드맵

연상 마인드맵의 정의와 중요성

연상 마인드맵은 하나의 주제에서 생각이 자연스럽게 뻗어나가는 과정을 담은 마인드맵이다. 우리가 일상에서 생각을 확장하는 방식과 비슷하며, 주제를 더 깊이 탐구할 수 있게 도와준다. 연상 마인드맵은 창의적인 생각을 촉진하고, 자유롭게 생각을 확장하며, 하나의 주제를 명확하게 정리하는 데 매우 효과적이다.

연상 마인드맵의 장점

연상 마인드맵을 그리면 생각이 자연스럽게 확장되는 것을 느낄 수 있고, 하나의 주제에 대해 깊이 있는 사고가 가능해진다. 이를 통해 집중력을 높이고 창의성을 키우는 데 도움을 줄 수 있다. 하나의 주제를 중심으로 이미지와 키워드를 사용해서 생각하면 생각이 분산되지 않고 집중력이 유지된다. 이 과정은 명상처럼 깊이 있는 사고를 경험하게 해준다. 중간 이미지와 가지를 이어가는 과정, 그 위에 생각의 집약체인 키워드를 얹는 작업이 생각을 깊게 해주고 하나의 생각을 지속하는 훈련이 된다.

연상 마인드맵의 활용 예시

연상 마인드맵의 주제는 무엇이든 상관없다. 나의 장점, 내가 좋아하는 것, 갖고 싶은 것, 듣고 싶은 말 등 생각 자체가 주제가 될 수도 있고 사과, 무지개, 아침, 집 등 사물도 가능하다. 어떤 주제든 자유롭게 확장할 수 있다. 계절에 대한 감각을 기록하거나 특정 경험에 대한 생각을 확장하는 데에도 유용하다. 특별한 날이나 중요한 순간을 기억하는 데도 사용할 수 있다.

〈연상 1〉은 '감사'를 주제로 작성한 연상 마인드맵이다. '월/화', '수/목', '금', '토/일'로 일주일을 나누어 각 요일에 대한 감사를 생각하며 확장했다. 중심 가지는 요일별 루틴으로 설정하여 각 요일에 대한 감사의 순간들을 기록했다. 이러한 방식 외에도 '감사'라는 주제를 가족, 직장, 취미, 친구, 집 등 여러 테마로 확장할 수 있다.

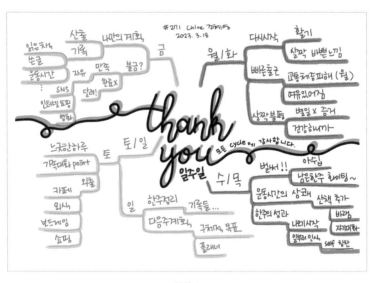

연상 1

생각 정리의 기술 실천편

연상 2

창의 키워드 활용의 중요성

연상 마인드맵은 가장 자유로운 형태의 마인드맵이다. 창의적인 키워드를 사용하여 한 단어로 표현된 생각을 확장하면 사고의 자유로움과 깊이가 커진다. 자유롭게 떠오르는 단어를 사용할수록 나중에 마인드맵을 다시 보았을 때 더 많은 생각이 확장된 것을 확인할 수 있다. 예를 들어 '감사'라는 키워드를 통해 매일 새로운 감사의 순간을 추가하며 확장해나갈 수 있다.

연상 마인드맵 작성과 점검

연상 마인드맵은 생각을 자유롭게 펼치고 창의력을 발휘할 수 있는 도구다. 브레인스토밍의 역할도 할 수 있다. 지금 떠오르는 주제나 문제를 가지고 연상 마인드맵을 그려보자. '감사'라는 주제로 가족, 친구, 직장 등 다양한 측면에서 감사할 순간을 생각해보면 나만의 생각이 확장되고 창의성이 키워질 것이다.

작성 후에는 체크리스트를 활용하여 스스로 점검해볼 수도 있다. 예를 들어 '각 가지는 충분히 구체적으로 확장되었는가?', '각 가지의 키워드는 명확한가?'와 같은 질문을 통해 마인드맵을 개선할 수 있다.

> • 감사에 대한 주제로 연상 마인드맵을 그려보자. 하나의 주제를 중심으로 깊이 사고하고, 창의적으로 확장하며, 목표를 시각화하는 경험을 하게 될 것이다.

3. 일기 마인드맵

일기 마인드맵의 정의와 필요성

일기도 마인드맵으로 그릴 수 있다. 매일 그려도 좋지만, 나는 특별한 날을 기억하기 위해 사진과 함께 일기 마인드맵을 그린다. 기억은 생각보다 빨리 흐려지기 마련이다. 어디서 무엇을 했는지, 어떤 대화를 나눴는지 잘 기억나지 않는 경우가 많다. 특히 대화 내용은 특별히 인상 깊지 않으면 거의 기억나지 않는다. 하지만 사진과 함께 일기 마인드맵을 그리면, 그때의 감정과 상황이 생생하게 떠오르는 경험을 할 수 있다.

일기 마인드맵의 작성 방법

일기 마인드맵은 일기를 쓰는 것과 같은 방법으로 생각하면 된다. 하루 중 기억하고 싶은 일이나 감정을 가지로 그려나가는 것이 기본이다. 일기장에 뭐든 쓸 수 있는 것처럼 일기 마인드맵에도 뭐든 기억하고 싶은 것을 담는다. 나는 주로 하나의 '사건'과 '감정'을 각각 중심 키워드로 설정하고 일기 마인드맵을 만든다. 또 'SEE'라는 가지를 통해 하루를 회상하고 감사와 칭찬으로 하루를 되돌아보는 시간을 가진다. 이렇게 하면 하루를 정리하며 자신의 감정을 다듬고 정리할 수 있다.

일기 마인드맵의 예시

〈일기 1〉은 딸이 폐렴으로 한 달 동안 치료받던 시기에 그린 것이다. 딸은 아픈 상태로 콩쿠르에 나가기 위해 최선을 다했지만, 기대만큼 결과가 좋지 않았다. 딸이 가장 힘들었겠지만, 나 역시 뒷바라지로 바쁜 시간을 보낸 만큼 기대가 컸고, 그에 따라 실망도 컸다. 그래서 '딸의 콩쿠르'를 중심 가지로 설정하고, 그날의 '감정'을 살펴보며 하루를 되돌아보았다.

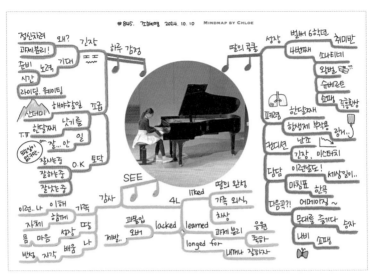

일기 1

4L 방법을 통한 하루 정리

하루를 정리하는 데에는 4L 방법을 사용했다. 4L은 좋았던 점 Liked, 깨달음이나 배운 점Learned, 부족하거나 아쉬웠던 점Lacked, 바라거나 기대한 점Longed for의 4가지 항목으로 나누어, 간단하면서도 구체적으로 하루를 정리할 수 있어서 따라 해보기 좋은 방법이다. 하루 정리에 감사 일기나 칭찬 일기를 함께 쓸 수도 있다. 일기 마인드맵을 그린 후 글로 표현하고자 한다면 마인드맵 자체가 글의 개요가 된다. 마인드맵을 그리는 과정에서 생각이 정리되고 일상 생각에 더하여 글에 남길 사유까지 깊어지게 된다.

일기 마인드맵 작성 시 주의 사항

일기 마인드맵을 작성할 때 주의할 점은, 힘든 사건을 기록할 때 부정적인 감정에 지나치게 빠지지 않도록 하는 것이다. 하루를 돌아보며 감정의 균형을 찾고, 되도록 긍정적인 부분에 집중하려는 노력이 필요하다. 실망스러운 사건이 있었다면 그로 인해 배운 점이나 앞으로 개선할 점을 함께 적어 긍정적인 마무리를 할 수 있도록 해야 한다.

일기 마인드맵의 다양한 활용

일기 마인드맵은 다양한 방식으로 활용할 수 있다. 즐거운 가족

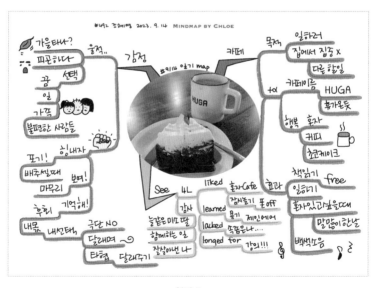

일기 2

모임이나 직장에서의 성취, 새로운 취미를 시작한 날처럼 긍정적인 경험을 기록하는 데도 좋다. 다양한 주제를 다루며 마인드맵을 그리면 삶을 더욱 다채롭고 깊이 있게 기록할 수 있다.

시각 자료와 마인드맵의 연계

이미지와 마인드맵을 함께 사용하면 시각적인 기억을 자극해 더 생생한 회상이 가능해진다. 〈일기 1〉은 딸의 콩쿠르를 중심으로 가족의 노력과 감정을 표현했고, 〈일기 2〉는 혼자 카페에서 하루를 돌아보며 감정을 정리했던 시간을 담았다. 주요 사건을 중심으로 가지를 뻗어나가며 하루를 정리하는 과정을 시각화했다.

> • 특별한 날의 일기를 마인드맵으로 그려보자. 단순한 기록을 넘어 자신의 감정을 정리하고 성장의 발판으로 삼는 중요한 경험이 될 것이다.

4. 감정 마인드맵

감정 마인드맵의 필요성

일상을 살다 보면 자주 만나는 감정들이 있다. 그 감정은 부정적일 수도 있고 긍정적일 수도 있다. 부정적인 감정이 생겼을 때 상황 탓만 하며 제대로 들여다보지 않고 넘겨버리기 쉽다. 긍정적인 감정도 마찬가지다. 사건이나 상황에 대한 정리 없이 지나가면 무의식적으로 순환하게 된다. 자주 순환하는 감정이 긍정적이라면 다행이지만, 보통은 부정적인 감정이 더 선명하게 기억된다. 하지만 막상 어떤 지점에서 감정이 유발되었는지 모를 때가 많다.

감정 마인드맵의 작성 방법

마인드맵을 통해 내 감정을 정리할 수 있다. 언제 기뻤는지, 언제 화가 났는지, 어떤 상황에서 우울했는지 되돌아보는 과정을 통해 감정을 시각적으로 표현할 수 있다. 부정적인 감정을 불러일으킨 구체적인 사건을 적어보고, 그때 듣고 싶었던 위로의 말도 적는 것이 좋다.

마인드맵을 그릴 때 가장 어려운 점은 중심 키워드를 정하는 것이다. 어떤 방향으로 그려야 할지 처음에는 감이 오지 않을 수 있다. 이럴 때는 먼저 떠오르는 생각을 과감히 적어보자. 만약 그래도 망설여진다면 다른 사람이 사용한 방법을 따라 해보는 것도 좋은 방법이다.

〈감정 1〉은 위로가 필요했던 날에 그린 마인드맵이다. 이때의 감정은 '우울'이었다. 상황이 어느 정도 정리되어 있었기 때문에, 우울한 상황에서 듣고 싶었던 말과 나 자신에게 전하고 싶은 응원의 말을 중심으로 마인드맵을 그렸다. 중심 가지로는 '괜찮아', '다시 해봐', '우리가 있어', '고민하지 마', '나를 믿어' 같은 위로의 말들을 설정했다. 중심 가지가 정해지면 세부 키워드는 그때그때 떠오르는

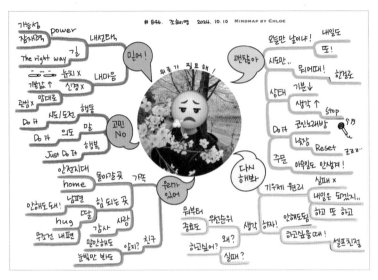

감정 1

대로 확장하면 된다.

　'괜찮아'라는 가지는 그때 내가 가장 듣고 싶었던 말이다. 어떤 일을 시도했지만 성공하지 못하고 포기했을 때, 나에게 "괜찮아, 오늘만 그런 거야. 내일 다시 도전해도 돼"라고 위로하고 싶었다. 연상 마인드맵은 창의적인 키워드를 사용하여 되도록 한 단어로 표현하는 것이 좋지만 그대로 적어도 괜찮다. 상황 전환을 위한 해결책이나 부정적인 감정을 다스리는 방법을 적는 것도 중요하다. "아무 일도 일어나지 않아!"와 같은 주문을 걸어 자기 자신을 안심시킬 수도 있다. 이렇게 중심 키워드를 설정하고 생각나는 것들을 가지로 확장하면 감정을 정리하는 데 큰 도움이 된다.

　　　　　　　생각 정리의 기술 실천편

감정 마인드맵 작성 시 주의 사항

감정 마인드맵을 그릴 때, 들려주고 싶은 말뿐만 아니라 당시의 상황을 설명하는 가지를 추가하는 것도 좋은 방법이다. 이때 '사건', '생각' 같은 키워드도 중심 가지로 포함될 수 있다. 부정적인 감정을 다룰 때는 그 감정을 해결하려는 방법을 적는 것이 중요하다. 부정적인 감정을 기록하면서 자연스럽게 마음이 긍정적인 쪽으로 향하기도 하지만, 그렇지 않아도 괜찮다. 슬픔의 마인드맵이 여전히 슬픔으로 끝난다면, 그 감정이 아직 해결되지 않았다는 반증이기 때문이다. 그러나 불편한 마음을 해결하려고 마인드맵을 그리기 시작했다는 것만으로도 자신을 칭찬할 만하다. 마인드맵은 결과와 상관없이 생각을 정리하는 데 도움을 주며, 삶을 긍정적인 방향으로 이끄는 데 중요한 도구가 될 것이다.

감정 마인드맵의 장점과 자아 성찰

감정에 대한 마인드맵을 여러 개 모아 보면, 특정 상황에서 내가 어떤 감정을 가지는지 명확하게 알 수 있다. 이런 자아 성찰은 비슷한 상황을 만났을 때 한발 물러서서 상황을 바라볼 수 있게 해준다. 예를 들어 우울한 상황이 반복될 때 그 원인을 파악하고 미리 대응할 수 있다. 기쁨이나 성취감 등 긍정적인 감정에 대한 마인드맵에서는 자신의 성장을 자각하고, 더 긍정적인 감정으로 이어지는 계기를 만들 수 있다.

감정 마인드맵의 다양한 활용

감정 마인드맵은 여러 상황에서 활용할 수 있다. 딸의 콩쿠르처럼 특정 사건을 다룰 때, 즐거운 가족 모임, 직장에서의 성취, 새로운 취미를 시작한 날처럼 긍정적인 경험을 기록하는 데에도 유용하다. 다양한 주제로 마인드맵을 그리면 자기 삶을 더욱 다채롭게 기록할 수 있다.

> • 하루를 돌아보며 자신의 감정을 마인드맵으로 정리해보자. 감정 마인드맵을 통해 자주 느끼는 감정을 파악하고 이를 어떻게 해결할 수 있을지 살펴보자. 감정을 시각적으로 표현하면서 부정적인 감정을 중화하고 긍정적인 방향으로 나아가는 과정을 경험해보길 바란다.

5. 여행 마인드맵

여행을 떠날 때 여러 단계의 마인드맵을 활용하면 생각을 정리하고 추억을 남기는 데 큰 도움이 된다. 먼저 여행을 계획할 때 마인드맵을 사용하면 체계적으로 준비할 수 있다. 막연한 계획 대신 구체적인 키워드를 통해 무엇을 중요하게 생각해야 할지 명확하게 할 수 있다. 마인드맵은 생각을 구체화하고 결정을 내리는 데 도움을 준다.

여행 마인드맵 : 목적과 준비

여행을 준비하는 방식은 사람마다 다르다. 어떤 사람은 세부 계획까지 자세히 세운 후에 여행을 떠나고, 어떤 사람은 큰 줄기만 잡고 훌쩍 떠난다. 세부 계획을 꼼꼼하게 세우는 편이라면, 여행이라는 중심 이미지를 두고 날짜나 장소를 중심 가지로 설정하여 계획을 짜는 여행 계획 마인드맵을 생각해볼 수 있다. 자유로운 여행을 꿈꾼다면, 여행의 목적이나 여행 전의 마음가짐을 정리하는 마인드맵을 작성하는 것도 유용하다. 이 과정을 통해 생각을 더 명확하게 하고 여행의 목적을 확실히 할 수 있다. 여행 준비물도 카테고리별로 나누어 체크 리스트를 만들면 효과적이다.

〈여행 1〉은 딸과 함께 처음으로 해외여행을 떠나기 전에 작성

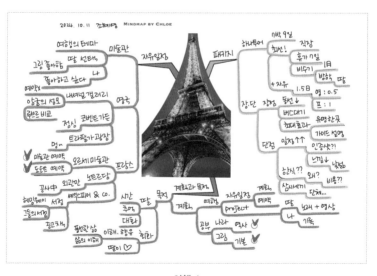

여행 1

한 것이다. 여러 이유로 패키지여행을 선택했지만, 그 여행에도 여행사의 의도와는 다른 나와 딸만의 특별한 목적이 있었고 그것을 확실히 할 필요가 있었다. 나는 단순히 '유럽에 다녀왔다'가 아니라 '예술을 즐기기 위해 유럽에 갔다'라는 명확한 목적을 설정하고 싶었다. 이를 위해 여행의 이유, 얻고 싶은 것, 준비해야 할 것들을 생각하고 정리했다. 마인드맵은 이 생각들을 시각적으로 정리해주었고, 나중에 되돌아볼 때도 좋은 추억이 되었다.

패키지여행을 선택한 뒤에는 '패키지여행'이라는 중심 가지를 설정했다. 패키지여행을 선택한 이유, 자유여행과 비교, 딸을 돌봐야 했던 내 불안 등을 기록했다. 이러한 기록은 다음 여행을 준비할 때 더 자신감을 느끼게 해준다. '전에 했으니까 할 수 있다'는 막연한 느낌이 아니라, 구체적으로 어떤 과정을 거쳐 결정을 내렸는지 알 수 있게 되어 더 강한 기반이 된다.

'계획과 목적'이라는 중심 가지도 그렸다. 패키지여행의 일정은 우리의 목적과 다를 수 있으므로 딸과 나의 진짜 목적을 정리하고, 그것을 이루는 데 필요한 정보를 찾아 공부하는 시간을 가졌다. 준비하는 과정에서 여행의 결과물을 생각해두면, 비록 모든 것을 다하지 못해도 여행의 의미가 더 분명해진다. 결과물은 구체적으로 눈으로 확인이 가능해야 한다. 그 여행에서 딸의 결과물은 샹젤리제 거리에서 '오 샹젤리제' 노래를 영상으로 찍는 것이었고 내 결과물은 포토북과 전체 내용을 블로그에 포스팅할 기록을 남겨오는 것이었다.

마지막으로 '자유 일정' 가지를 만들었다. 우리는 패키지여행 안

생각 정리의 기술 실천편

에 2일간의 자유 일정을 포함했다. 자유 일정 동안 딸과 나의 공통된 관심사인 미술 작품을 감상하기로 했다. 이 일정이 우리 여행의 하이라이트였다. 자유 일정 동안 무엇을 할지 마인드맵으로 정리하면서 각 순간을 최대한 즐길 수 있도록 준비했다.

노트에 적은 글은 시간이 지나면 페이지를 찾기 어렵고, 디지털 기록은 쉽게 잊히기 마련이다. 그러나 마인드맵은 시각적으로 정리되어 있어서 여행 계획이나 준비물 체크 리스트를 찾기 쉽고, 잊어버릴 위험도 적다. 마인드맵은 하나의 완성된 예술 작품처럼 추억을 더욱 의미 있게 만들어준다.

여행 마인드맵 : 감상과 회상

여행을 다녀온 후에는 여행의 감상과 회상을 담은 마인드맵을 작성했다(《여행 2》). '긴장(여행 전)', '파이팅(여행 중)', '행복(여행 후)'이라는 중심 가지를 설정해 여행하는 동안의 감정의 흐름을 시각적으로 정리했다. 중심 이미지는 여행 중 가장 행복했던 순간의 사진을 넣었다. 이처럼 중심 이미지만 보아도 여행의 모든 순간이 떠오르도록 구성했다.

여행에는 최소 두 장의 마인드맵이 완성된다. 하나는 여행 전 계획과 준비 과정, 다른 하나는 여행 후의 감상이다. 여기에 여행 목적에 따라 여행 전에 수집한 자료나 공부한 내용을 마인드맵으로 정리해두면 여행 경험이 더욱 풍성해진다. 여행은 여행 방식과 목적뿐만 아니라 각자의 특성에 따라 다양한 모습이 된다. 이러한 다양한 모습을 담기에 가장 좋은 도구가 바로 마인드맵이다.

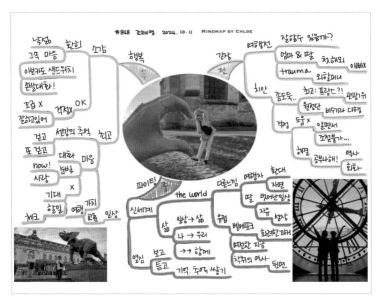

여행 2

　모든 여행에 이런 기록을 남겨야 하는 것은 아니다. 한번 해보고, 기억보다 선명한 마인드맵의 추억을 만나본다면 그리고 싶은 마음이 절로 든다. 그 시도를 돕고 싶을 따름이다.

> • 자유롭고 의미 있는 여행을 마인드맵으로 기록해보자. 사진만 남기지 말고, 30분 정도 시간을 들여 한 장의 마인드맵으로 여행을 회상하며 그 추억을 더욱 깊이 새겨보는 시간을 가져보기 바란다.

　생각 정리의 기술 실천편

6. 독서 마인드맵

나는 책을 읽을 때마다 한 장의 마인드맵을 그린다. 마인드맵을 그리기 위해 책을 읽는 중에 중요한 키워드를 뽑아내면서 그 내용을 내 생각과 연결해나간다. 이 과정에서 책에 관한 생각이 더욱 풍부해지고, 책이 내 안에 오래도록 살아남아 또 다른 생각을 만들어낸다. 이렇게 책에서 얻은 내용은 나를 성장시키는 중요한 연료가 된다. 이것이 내가 독서 마인드맵을 중요하게 여기는 이유다.

마인드맵을 그리는 데 정답은 없다. 하지만 처음 해보면 어떻게 해야 할지 막막할 수 있으므로, 책을 읽으며 독서 마인드맵을 그리는 방법을 하나하나 알아보도록 하겠다.

마인드맵을 그리기 위한 독서

독서 마인드맵에는 필요한 준비물이 있다. 마인드맵을 잘 표현하고 생활화하기 위한 과정에서 유용하게 사용할 수 있는 도구들이다. 독서 준비물과 독서 방법, 그 과정을 함께 살펴보자.

독서 마인드맵 준비물

독서 마인드맵을 그리려면 플래그, 점착 메모지, 연필, 노트, 펜 등이 필요하다. 이 중 꼭 필요한 것은 플래그와 연필, 노트, 펜이다.

점착 메모지는 책의 여백을 대신해서 사용할 수 있다. 독서 마인드 맵도 내가 마인드맵을 그리는 과정을 기준으로 설명하고자 한다. 책을 읽고 기록하는 데는 모두 각자의 방법이 있다. 그 방법을 해보고 필요하다면 내가 사용하는 방법과 접목할 수 있으면 좋겠다.

플래그

책을 읽을 때 나는 책의 뒷날개에 플래그를 한 묶음 붙여두고 시작한다. 플래그의 종류에 따라 용도를 나누기도 한다. 당연히 어떤 책을 읽느냐에 따라 차이는 있다.

① **목차 표시 플래그** : 목차 페이지에 붙여두는 플래그다. 목차는 책의 뼈대로, 독서의 방향을 잃지 않게 해준다. 자기 계발서나 전문 서적, 지식서에 주로 사용하는 방법이지만 목차가 자세히 나와 있는 모든 책에 적용한다. 다른 플래그와 구분을 할 수 있으면 더 편리하다. 색깔로 구분하기도 하고, 붙이는 위치를 정하기도 하고, 다른 종류의 플래그를 붙여서 구분하기도 한다.

② **진도 표시 플래그** : 읽은 진도를 표시한다. 책갈피 역할을 하는 플래그다. 이 플래그로 읽은 문단, 줄까지 표시할 수 있으며, 다 읽고 나면 표지에 붙여 완독 날짜를 기록하는 용도로도 사용한다. 이것도 읽다가 마음에 드는 구절을 표시하는 플래그와 구분이 되면 편리하다.

③ **생각 표시 플래그** : 가장 흔한 형태의 플래그 활용이다. 생각하고 싶은 구절이나 중요한 구절을 표시하는 용도로 사용한다. 책의 여백에 끼적인 생각을 표시하기도 한다. 더 중요한 구절에는

생각 정리의 기술 실천편

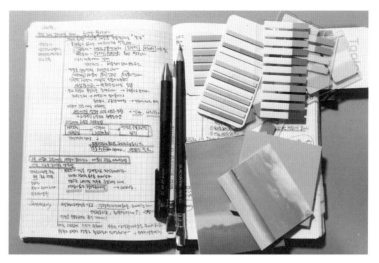

준비 1

플래그를 길게 붙여 특별함을 강조할 수도 있고 색깔로 구분할 수도 있다. 나는 보통 2mm로 짧게 표시하고, 한 권의 책에 한두 개 정도 꼭 기억하고 싶은 부분에만 길게 붙여둔다. 생각을 적은 부분이 있다면 책의 옆이 아니라 책 위쪽으로 플래그를 붙여서 구분한다.

점착 메모지

보통 책을 읽다가 떠오르는 생각을 여백에 적는데, 여백이 부족할 경우 점착 메모지를 사용한다. 떠오르는 생각이 많을 때나 소설 같은 경우에 가계도를 기록하는 용도로 유용하다. 책을 깨끗하게 보고 싶다면 책의 여백 대신 사용할 수 있다.

연필과 펜

연필은 책을 읽으면서 줄을 긋고 생각을 적는 데 사용한다. 독서 중에 줄을 치고 여백에 생각을 적으면 책과 상호작용을 할 수 있어서 좋다. 책에는 연필이나 휴대용 샤프로, 노트에 독서 내용을 정리할 때는 펜을 주로 사용한다.

노트

마인드맵을 그리기 전에 키워드를 뽑아 기록할 공간이 필요하다. 현재는 디지털 메모 도구인 노션^Notion^을 사용하고 있지만, 아날로그 노트도 좋다. 포인트는 마인드맵을 그리기 전에 생각이나 내용 정보를 키워드로 정리할 수 있는 노트가 필요하다는 점이다. 예쁘고 정돈된 정리가 아니라 키워드를 쏟아낼 노트면 충분하다.

독서 방법
지식서와 자기 계발서

지식서나 자기 계발서를 읽을 때는 특히 목차가 중요하다. 책의 흐름을 잃지 않기 위해 목차를 뼈대로 삼아 책을 읽는다. 책을 읽기 시작할 때 목차에 플래그를 붙이고, 이를 따라 읽으며 독서의 방향을 설정한다. 목차를 보며 먼저 보고 싶은 부분이 있는지도 살피고 전체 책 내용을 예상해보기도 한다.

프롤로그도 잘 살핀다. 저자가 독자에게 무엇을 전하기 위해 이 책을 썼는지 확인하고 내가 어떤 질문이 있는지 확인하는 시간이다. 프롤로그를 읽으며 책의 면지에 '내 질문'을 적어본다(면지는 표

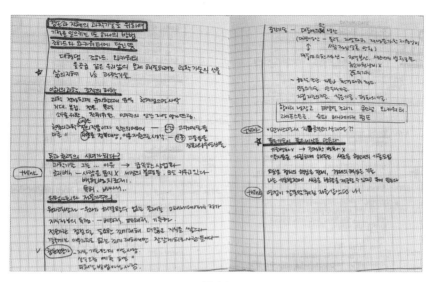

준비 2

지를 넘기면 바로 나오는 여러 색깔로 된 종이다).

　질문의 답을 찾는 마음으로 책을 읽는다. 답을 찾으면 표시하고, 떠오르는 생각은 여백에 적어둔다. 생각이 책을 이어주는 경우도 많아서, 작은 떠오름도 가능하면 모은다. 책을 읽다가 중요한 생각이 떠오르거나 문제의 답을 찾았다는 생각이 들면 면지에 다시한번 적어둔다.

　책에 해둔 표시와 여백에 적은 기록, 면지의 질문과 답을 살펴보면서 노트에 키워드 형식으로 정리한다(《준비 2》). 메모는 줄이는 방향으로 적어나간다. 기록이 너무 많으면 지속할 수 있는 동력을 잃을 수 있다. 큰 챕터마다 두 페이지를 넘기지 않도록 한다. 가능하면 발췌보다는 키워드 요약을 권장한다. 키워드로 요약하면 자연스럽게 목차를 함께 적게 된다. 기록의 방향은 가능하면 간단하고 내 생각을 많이 넣는 게 포인트다.

소설과 에세이 읽기

소설이나 에세이를 읽을 때는 지식서와는 다른 접근이 필요하다. 지식서는 전투적으로 접근한다면 소설이나 에세이는 감성적이고 직관적인 접근이 필요하다.

마음을 끄는 문장에 줄을 치고 생각을 적는다. 중요한 부분은 모서리를 접어두거나 플래그를 길게 빼둔다. 소설이나 에세이는 지식서와 달리 노트에 정리하지 않고 책의 표지 앞과 뒤에 있는 면지를 활용하여 중심 키워드를 적는다.

준비 3

생각 정리의 기술 실천편

면지는 책을 읽으며 나만의 생각을 담는 공간으로 사용한다 (〈준비 3〉). 중심 키워드나 중요한 단어, 인물의 이름이나 장소명과 같은 정보도 적어두면 좋다. 면지는 정리할 게 많은 지식서보다 소설과 에세이를 읽을 때 주로 사용하는데, 책을 처분할 때 면지를 따로 보관함으로써 나만의 독서의 흔적을 남길 수도 있다. 책을 읽은 연도와 날짜, 생각을 적었을 때의 상황 등을 함께 기억해두면 당시의 냄새도 나는 듯한 기분을 느낄 수 있다.

책의 종류와 상관없이, 모든 책에서 키워드와 생각을 찾으며 독서를 해야 한다. 이것이 마인드맵을 그리기 위한 중요한 기본 과정이다. 자신만의 방법이 있다면 그 방법을 잘 발전시키고, 키워드를 뽑기 힘들다면 나의 방법을 시도해보기 바란다.

영역별 독서 마인드맵

연상, 일기, 감정, 여행 마인드맵은 내 생각을 시각적으로 정리하고 확장하는 데 중점을 두고 있다. 이 마인드맵에는 정답이 없고, 내 생각을 담기 때문에 자유롭게 표현할 수 있다는 것이 당연하게 받아들여졌을 것이다. 하지만 독서 마인드맵은 책의 내용을 바탕으로 한다는 점에서 정답이 있는 것처럼 느껴지고, 내가 선택한 키워드에 확신이 들지 않을 수 있다. 하지만 독서 마인드맵도 기본적으로 마인드맵을 그리는 방법은 동일하다. 독서 마인드맵을 익히는 과정 자체가 나 자신을 믿고 확신을 키워가는 과정이다.

독서 마인드맵의 기본

독서 마인드맵에서 중요한 점은 책의 성격에 따라 키워드를 선택하는 방식이 달라진다는 것이다. 지식서와 소설은 읽는 목적부터 다르다. 어떤 책은 지식을 얻기 위해, 어떤 책은 생각을 깊게 하기 위해, 어떤 책은 단순히 재미를 위해 읽는다. 또 같은 책을 읽더라도 개인의 목적은 달라질 수 있다. 이러한 독자의 해석 방식에 따라 마인드맵의 형태도 달라진다.

독서 마인드맵에서 가장 중요한 요소는 목차의 활용이다. 이를 기준으로 독서 마인드맵을 세 가지 방식으로 나눌 수 있다.

① **목차가 3~5개로 명확히 나뉜 경우** : 각각의 챕터를 중심 가지로 설정하여 마인드맵을 그린다. 이 방법은 독서 마인드맵을 그리는 가장 쉬운 방법이다.

② **목차가 없는 경우** : 주로 소설이나 일부 지식서에서 목차가 없는 경우가 있다. 이럴 때는 책을 읽으며 중요한 개념이나 생각을 중심으로 키워드를 찾아 중심 가지로 설정한다.

③ **목차가 너무 많은 경우** : 목차가 10개 이상이라면 모든 항목을 중심 가지로 그리기가 어렵다. 특히 에세이는 주제가 여러 개 있는 경우도 있다. 이런 경우에는 중요한 부분을 골라 적당한 개수의 중심 가지를 선택하거나, 목차를 무시하고 내가 중요하다고 생각하는 키워드를 중심 가지로 정한다.

독서 마인드맵에 익숙해지기

독서 마인드맵을 처음 그릴 때는 목차에 많이 의존하게 되는데,

목차가 매우 많거나 아예 없으면 키워드에 대한 고민이 깊어진다. 하지만 반복해서 그리다 보면 자신만의 방식이 생긴다. 마인드맵이 진정한 자기 도구가 되면 목차 여부에 상관없이 자신만의 키워드로 중심 가지를 선택할 수 있다. 따라서 처음에는 목차가 3~5개로 나뉜 책을 선택하여 연습하면 마인드맵이 익숙해지는 데 큰 도움이 될 것이다.

독서 마인드맵의 의미

마인드맵은 내가 읽은 책을 나만의 방식으로 기억하는 방법이다. 저자가 제공한 정보를 그대로 따르는 것이 아니라, 책을 통해 얻은 생각과 나의 해석을 담아 새로운 의미를 만들어가는 도구다.

에세이, 소설, 그림책

마인드맵으로 에세이, 소설, 그림책을 정리하는 것은 자기 생각을 확장하는 데 큰 의미가 있다. 이런 책들은 마인드맵을 자유롭게 확장하고 창의적인 키워드를 사용하기에 좋다. 하지만 마인드맵의 형태는 책의 성격과 그리는 목적에 따라 달라질 수 있다. 에세이는 교훈적인 내용이나 지식을 기록할 수 있고, 그림책은 작가의 의도와 기법을 중심으로 작성할 수 있다. 소설은 줄거리나 인물의 변화 과정을 담아 생각을 정리할 수도 있다. 에세이, 그림책, 소설의 마인드맵을 그릴 때는 노트를 사용할 수도 있지만, 가능하면 책의 여백인 면지를 활용하는 것이 좋다.

에세이 마인드맵 그리기

마인드맵에서 가장 어려운 부분 중 하나는 중심 키워드를 선정하는 것이다. 에세이 마인드맵을 그릴 때는 책의 목차를 중심 키워드로 활용할 수 있다.

목차를 중심 키워드로 사용하는 에세이

〈문학 1〉은 최재천의 『다르면 다를수록』을 읽고 그린 마인드맵이다. '아름답다', '특별하다', '재미있다'라는 목차대로 중심 키워드

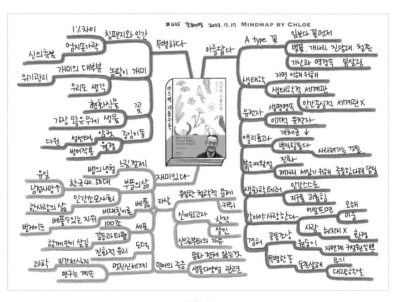

문학 1

생각 정리의 기술 실천편

를 구성했다. 『다르면 다를수록』은 3개의 큰 목차 속에 각각 10개 이상의 작은 목차가 포함되어 있다. 큰 목차가 3~5개인 경우에는 목차를 그대로 중심 키워드로 사용하여 마인드맵으로 정리할 수 있다.

책을 정리하고 기록하는 것은 책의 발췌와 요약을 의미하는 것이 아니다. 단순한 요약보다는 자신의 생각 키워드를 포함하는 것이 좋다. 목차 개수가 적절하다면 책을 읽으면서 키워드를 모아 별다른 어려움 없이 마인드맵을 작성할 수 있다. 책의 내용을 많이 담고 싶은 부분은 책의 키워드를 넣으면 되고 그렇지 않은 부분은 내 생각을 더 채워 넣는다. 세부 키워드는 마음에 와닿거나 기억하고 싶은 부분만 추려서 담으면 된다.

목차를 사용하지 않는 에세이

〈문학 2〉는 손미나의 『괜찮아, 그 길 끝에 행복이 기다릴 거야』를 읽고 그린 마인드맵이다. 이 책은 6개의 목차로 구성되어 있다. 목차대로 할 수도 있었지만, 기억에 남는 4개의 장면을 선택하여 마인드맵을 작성했다. 중심 가지를 신^{scene} 1, 신 2, 신 3, 신 4로 정해 개인적인 경험과 감정을 담았다. 산티아고 순례길을 다녀온 저자의 사유를 요약 정리하기보다 그녀가 느낀 생각을 따라가 보고 함께 생각하는 데 목적을 두었기 때문이다. 같은 책이라도 그리는 목적에 따라 마인드맵의 방식은 달라진다. 또한 목차에서 벗어날수록 생각이 더 많이 포함된다. 부가적으로 책의 내용과 키워드, 목차에서 벗어날수록 마인드맵을 그리는 시간은 짧아진다.

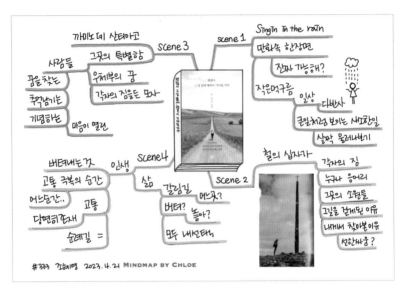

까미노 데 산티아고

그곳의 특별함   Scene 3   scene 1   Singin in the rain

사람들   우체부의 꿈   만화속 한장면

꿈을찾는   각자의 짐을든 모습   진짜 가능해?

추억남기는   작은먹구름   일상

기념하는   마음이 열린   다반사

     큰일처럼 보이는 사소한일

     살짝 물러나보기

버텨내는것   인생   Scene4   철의 십자가   각자의 짐

고통 극복의 순간   삶   갈림길   Scene 2   누구나 응어리

어느순간..   고통   어느곳?   그곳의 소명들

당면히존재   버텨?   그곳을 걷게된 이유

순례길 =   놓아?   내려서 참아볼이유

    모두 내것처럼   선한싸움?

#333 조혜영 2023. 4. 24 Mindmap by Chloe

문학 2

소설 마인드맵 그리기

소설은 대부분 목차가 없거나 목차가 있다고 해도 의미가 없는 경우가 많다. 목차에서 주어지는 중심 가지가 없다고 난감해할 필요는 없다. 따라 해볼 수 있는 기본적인 중심 가지를 활용하여 마인드맵을 시도할 수 있다.

기본 형태 : 인물, 갈등, 장소, 감정, 생각

〈문학 3〉은 미하엘 엔데의 『모모』를 읽고 마인드맵을 작성한 예시다. 여기서는 등장인물, 갈등 상황, 인물 간의 감정 변화를 중심으로 마인드맵을 그렸다. 만약 장소의 이동이 중요한 소설이라면

생각 정리의 기술 실천편

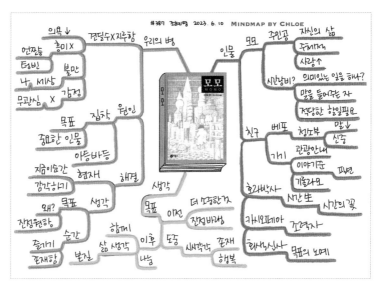

문학 3

장소를 중심으로 구성하고, 여기에 자기 생각을 덧붙여 확장할 수 있다.

갈등 상황이나 인물 간의 감정은 읽고 나서 생각이 나는데 '장소나 등장인물의 정확한 이름이 기억이 안 나면 어쩌지'라는 생각이 들기도 한다. 그래서 이런 것도 면지에 적어둔다. 책을 더 깊이, 오래 기억하기 위해서 할 수 있는 작은 노력이라고 생각한다.

변형 형태 : 문장, 저자, 책, 의문, 지식, 키워드

〈문학 4〉는 한강의 『채식주의자』를 읽고 그린 마인드맵이다. 인물, 갈등, 감정을 중심으로 그리는 대신 책, 지식, 키워드를 중심 가

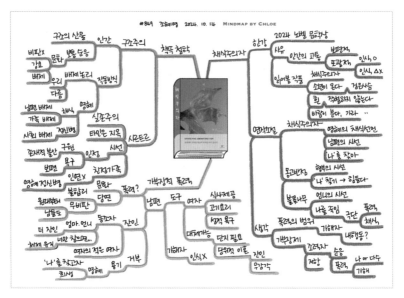

문학 4

지로 그렸다. 이처럼 문장, 저자, 책, 의문, 지식, 키워드와 같은 항목을 중심 가지로 활용해볼 수도 있다.

예를 들어 '문장'이라는 키워드 자체를 중심 키워드에 넣고 인상 깊은 문장을 하위 가지로 길게 넣어볼 수 있다. '마인드맵은 키워드를 짧게 써야 하는 게 아닌가?' 하고 생각할 수도 있다. 모든 하위 가지가 문장으로 길게 만들어진다면 마인드맵 역할을 못할 수도 있지만 한 권의 책에서 반드시 남기고 싶은 한 문장은 괜찮다. 문장만 적지 말고 아래에 왜 그 문장이 좋았는지, 어떤 생각을 했는지도 함께 적어가면 좋다. 저자에 대한 정보를 정리하는 하나의 가지를 만들어도 유용하고, 책에 대한 개인적인 평가를 추가할 수도 있다.

책을 읽으며 들었던 풀리지 않은 의문을 나열하거나 기억하고 싶은 단위 지식을 넣어보는 것도 좋은 방법이다. 좀 더 구체적으로 설명하면, 〈문학 4〉에서 가부장적 폭력에 대해 생각하다가 '페미니즘'이라는 키워드가 떠오른다면 페미니즘의 정의, 변천에 대한 지식적 정리를 해볼 수 있다. 이렇게 하나의 주제 지식으로 만들어진 하나의 가지를 '단위 지식'이라고 한다. 마지막으로 주제 키워드를 중심 가지로 넣을 수 있다. 주제 키워드를 넣고 소설 속 상황과 갈등, 내 생각을 넣어나가면 된다.

이러한 방식은 독서 후 생각을 깊이 정리하고 확장하는 데 도움이 된다. 기본적인 정보로 그리는 마인드맵보다 생각을 더 많이 해야 하고 어렵게 느껴질 수 있다. 하지만 기본에 변형을 하나씩 첨가하는 방식으로 마인드맵을 그리다 보면 금세 익숙해진다. 자신감이 생기기 때문이다. 이후 익숙해지면 변형된 형태의 마인드맵을 더 즐기게 될 것이다.

그림책 마인드맵 그리기

그림책(〈문학 5〉)은 소설과 비슷하지만 글밥이 적고 길이가 짧아 생각의 확장이 필요하다. 어린이들의 그림책이지만 주제가 사소하지는 않다. 〈문학 6〉처럼 책의 여백에 간단한 마인드맵을 그리면서 책을 깊이 이해하고 자기 생각을 가시화하면 마인드맵 작성에 도움이 된다. 그림책 마인드맵에도 기본 중심 키워드는 있다. 인물, 제목, 키워드처럼 단순한 요소들을 활용하여 자기 생각을 덧붙이는 것도 좋은 방법이다.

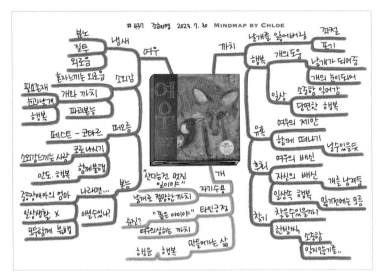

문학 5

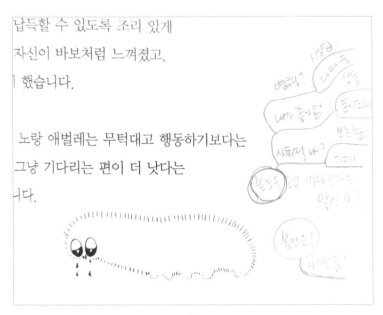

문학 6

에세이, 소설, 그림책을 읽고 마인드맵을 그리는 방법은 각기 다르다. 기본적인 요소나 목차로 접근할 수도 있고, 변형된 방법과 개인의 해석에 따라 자유롭게 구성할 수도 있다. 마인드맵에 정답은 없다. 내가 제시한 방법은 마인드맵을 시작하는 데 도움이 되는 권유일 뿐이다. 이를 토대로 자기만의 방식으로 변형해가며 창의적으로 확장해나가길 바란다.

> • 목차가 3~4개인, 목차로 중심 키워드가 가능한 에세이를 읽고 마인드맵을 그려보자. 자유로운 생각 추가를 잊지 말아야 한다.

지식서, 자기 계발서

그림책, 에세이, 소설을 읽을 때와 지식서를 읽을 때는 책에 접근하는 목적과 태도가 다르다. 지식서의 마인드맵 작성 목표는 내용을 정리하고 요약하며 기억에 남기기 위함이다. 따라서 마인드맵을 위한 준비와 그리는 방법이 달라질 수밖에 없다. 지식서를 읽을 때는 더 체계적으로 접근하고, 책에서 얻은 중요한 키워드를 최대한 많이 활용하는 것이 필요하다.

마인드맵 그리기 준비 : 읽고 메모하기

지식서를 읽을 때는 내용을 요약하고 중요한 정보를 정리하는 과정이 중요하다. 또한 책에서 핵심이 되는 키워드를 뽑아낼 때는 가능한 한 많은 생각을 기록하려고 노력해야 한다. 중요한 구절에는 플래그를 붙이고, 키워드에는 동그라미를 치거나 밑줄로 표시하며, 책을 읽다가 떠오른 생각을 여백에 적어두어야 한다. 이런 기록은 마인드맵을 작성할 때 중요한 재료가 된다. 지식서의 경우, 책의 여백뿐 아니라 노트를 활용하여 정리하는 것이 더 효과적이다.

책의 면지는 중요한 역할을 한다. 읽을 때의 감상을 날짜와 함께 간단히 남기면, 미래의 나에게 쓰는 편지 같은 역할을 할 수 있다. 책을 읽다가 저자의 의견에 동의하지 않거나 전체적인 질문이 떠오를 때도 면지에 적어두고 책을 읽는 동안 계속해서 그 질문에 대해 생각해볼 수 있다. 이때 적어둔 문제나 의견은 글을 쓸 때 생각의 출발점이 된다.

마인드맵을 그리려면 키워드를 정리하는 과정이 필요하다. 지식서를 읽고 중요한 부분을 요약하는 것은 쉬운 일이 아니므로 내용을 정리할 때는 목차를 활용하길 추천한다. 목차를 적으면 전체적인 이야기의 흐름을 느낄 수 있고, 목차 옆에 읽으면서 떠오른 키워드를 적어가면 흐름을 따라가기도, 정리를 시작하기도 좋다. 책을 한 번에 다 읽고 정리해도 되지만, 50페이지 정도씩 나누어서 읽고 정리하면 기억에도 도움이 되고, 책 내용을 자신의 방식으로 이해하는 데에도 큰 도움이 된다.

정리할 때 주의할 점은 너무 많은 양을 한꺼번에 정리하지 않는 것이다. 책에 따라 다르겠지만, 한 장당 노트 한 페이지를 넘기지 않으려고 노력해야 한다. 디지털 앱을 사용하면 더 많은 내용을 남기기 쉽지만 지나친 필기는 오히려 피로감을 줄 수 있다. 책은 한 권만 읽고 끝나는 것이 아니기 때문에 지나치게 많은 메모는 독서 자체를 부담스럽게 만들 수 있다.

노트를 정리할 때는 목차와 주요 내용을 시각적으로 구분할 수 있도록 자기만의 표시를 사용하는 것이 좋다. 내용은 문장이 아니라 키워드로 간략히 작성하고, 생각을 표시할 때는 특별한 기호를 사용하는 것을 추천한다. 이를테면 생각 앞에 'T'와 동그라미를 써서 강조하는 방식이다. 책 여백에 적어둔 사소한 생각들도 반드시 노트로 옮겨야 한다. 이런 생각들이 나중에 마인드맵을 그릴 때 주요 재료가 된다.

마인드맵 그리기 : 목차 활용

이제 마인드맵을 그릴 차례다. 우선 중심 키워드를 생각하며 메모해둔 노트를 읽어본다. 책을 읽는 동안 앞부분의 내용을 잊어버리기 쉬운데, 노트를 읽는 과정을 통해 지식의 단편들이 연결될 수 있다. 이 과정은 길어야 10분 정도밖에 걸리지 않지만, 내용을 연결하고 정리하는 데 큰 도움이 된다. 이때 색연필로 중심 키워드와 중요한 키워드를 표시하면 좋다. 이미 읽으면서 중심 키워드로 삼고 싶은 부분이 떠올랐다면 바로 마인드맵을 그릴 준비가 된 것이다.

마인드맵을 그릴 때 가장 큰 고민은 중심 키워드를 정하는 것이다. 이런 고민을 덜어주는 것이 바로 목차다. 책을 읽기 전에 목차를 살펴보며 중심 가지로 쓸 수 있는지를 판단해보자. 지식서나 자기계발서는 목차가 잘 나누어져 있는 경우가 많아 이를 그대로 중심 가지로 사용할 수 있다. 목차의 각 챕터를 요약하면 마인드맵이 비교적 쉽게 완성된다.

하지만 목차에 사용된 단어를 그대로 사용하는 것이 아니라, 목차의 제목을 자기만의 방식으로 간결하게 요약하거나 상징적인 단어로 바꾸는 것이 좋다. 예를 들어 목차의 제목이 '마인드맵 종류와 그리기'라면 '종류와 방법'처럼 자신만의 요약을 만들어 사용하는 것이다. 이렇게 축약된 키워드는 기억에 도움이 되고, 이 과정 자체가 편집이자 재창조 과정이 된다.

중심 가지를 정하고 나면 정리한 메모를 보면서 세부 가지로 뻗어나갈 키워드를 뽑아낸다. 가지를 뻗어갈 때는 포함 관계를 고려해야 한다. 중심 이미지에 가까운 키워드일수록 큰 의미를 지니고, 그 아래 작은 의미들을 포함하는 방식으로 선택하는 것이 좋다.

마인드맵의 키워드는 대부분 검정 펜으로 그리지만, 중요한 키워드에는 색을 사용하여 강조하면 기억하는 데 도움이 된다.

〈비문학 1〉은 페터 비에리의 『자기 결정』을 읽고 마인드맵을 그린 예시다. 이 책은 3개의 큰 목차로 이루어져 있어 마인드맵을 그리기 쉬웠다. 각 목차의 키워드를 중심 가지로 두고, 그에 대한 중요 내용을 세부 가지로 채워갔다. 만약 내용이 너무 많아 세부 가지를 채우기 어렵다면, 자신에게 의미 있는 부분만 선택하여 그리면 된다. 모든 것을 다 담으려는 것은 욕심이다. 정말 다 담고 싶다면 새로 한 장을 더 그리면 된다.

지식서, 자기 계발서 중에는 마인드맵에 사용할 수 있는 목차가 없는 책도 있다. 진짜 목차가 없을 수도 있고, 목차가 있지만 너무 많아 중심 키워드로 사용할 수 없는 경우도 있다.

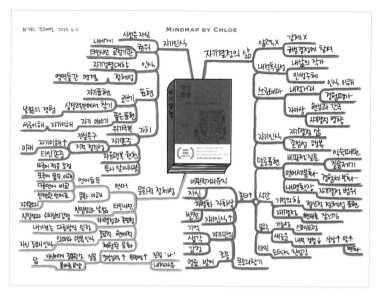

비문학 1

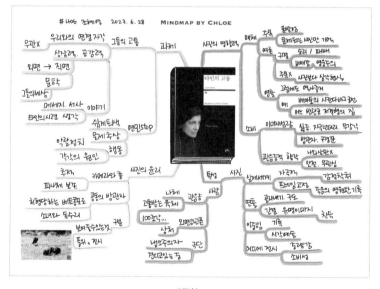

비문학 2

지금까지 내가 읽은 목차가 전혀 없는 지식서는 딱 한 권 있었다. 수전 손택의 『타인의 고통』이다. 이 책은 프롤로그와 부록, 본문만 있다. 목차가 없다고 당황할 필요는 없다. 목차가 없어도 괜찮다. 중요한 것은 '나의 선택'이다. 『타인의 고통』 마인드맵을 그릴 때는 책을 읽으며 생각이 오래 머문 키워드를 중심으로 가지를 뻗어나갔다. 특히 '사진의 영향력'을 주요 주제로 삼아 이미지의 소비, 시대적 특성, 윤리에 관한 생각을 정리했다(《비문학 2》).

책은 생각하는 도구다. 책이 없다면 우리는 일상에서 기존의 생각만 반복하게 된다. 책을 통해 새로운 생각을 하고 세상을 더 깊이 이해할 수 있다. 마인드맵은 내 생각을 정리하고 책이 알려주는 지식을 모으는 도구다. 마인드맵을 단지 책 요약으로만 여기지 말고, 그 속에 담긴 내 생각에 집중해보자. 이렇게 정리된 지식과 내 생각의 총체는 글쓰기의 밑그림이 될 수 있다.

이해 못한 어려운 지식서

자기 계발서는 비교적 쉽게 이해할 수 있는 경우가 많지만, 지식서는 생소한 분야의 어휘나 개념 때문에 이해하기 어려운 경우도 많다. 이런 책을 만났을 때 포기하고 싶어질 수 있다. 하지만 어려운 책도 마인드맵을 통해 시도해볼 방법이 있다.

제임스 C. 스콧의 『국가처럼 보기』를 읽을 때, 정치와 외교 분야가 처음이라 어려웠다. 이럴 때 목차를 활용하면 좋다. 이 책은 4개의 큰 목차로 나누어져 있어 마인드맵을 그리기 좋았다(《비문학 3》). 목차를 그대로 참고하여 마인드맵을 그리면 책의 전체적인 내용을

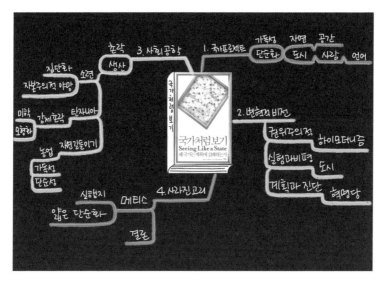

비문학 3

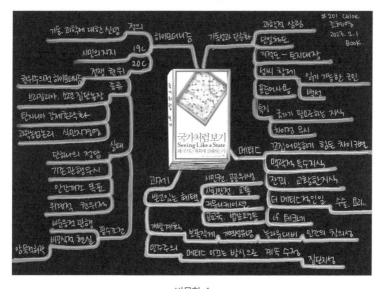

비문학 4

파악하는 데 도움이 된다. 읽는 동안 현재 읽고 있는 내용의 위치를 파악할 수 있는 것이 큰 장점이다.

어려운 책을 읽을 때 모든 내용을 요약하고 완벽하게 마인드맵을 그리려는 생각은 버려야 한다. 마인드맵은 '내가 이 책을 기억하는 방법'이다. 이해한 내용과 그에 대한 내 생각을 키워드로 정리하고, 그중 남기고 싶은 것을 마인드맵으로 그리면 된다(《비문학 4》). 이때 가장 중요한 것은 '자신을 믿는 것'이다. 키워드에 정답은 없다. 단지 나의 선택이 있을 뿐이다. 책이 무엇을 말하는지도 중요하지만, 어려운 책을 읽을 때는 내가 이해한 부분에 집중하는 것이 좋다.

어려운 책일수록 내용을 요약하는 데 힘을 빼고 떠오르는 생각을 최대한 기록해보는 것이 좋다. 여백이나 노트에 생각이 많을수록 그만큼 고민했다는 증거다. 아무 생각도 떠오르지 않으면 책을 읽으며 느낀 감정이라도 적어두면 된다. 이런 어려움 속에서 부정적인 감정이 남지 않도록 하려면, 책을 읽어낸 사실만으로도 충분한 성취감을 느껴야 한다. 마인드맵이 정말 그려지지 않을 때는 새로 알게 된 단어를 정리하는 용도로 활용하면 좋다.

절반도 이해하지 못한 책이라도 의미가 없는 것은 아니다. 익숙하지 않은 영역의 책을 읽다 보면 용어와 개념이 생소할 수밖에 없다. 책을 모두 읽었는데 절반도 이해하지 못했다고 생각될 때가 있다. 나도 그런 경험이 있다. 예전에 『사피엔스』를 읽다가 두 번이나 포기했다. 이해가 되지 않아 읽는 것이 의미 없다고 느껴졌고 시간 낭비 같았다. 하지만 세 번째에는 포기하지 않고 끝까지 읽었다. 다 읽고 나서도 잘 이해한 것은 아니었지만, 책장을 끝까지 넘기고 나니 책의 전체적인 내용이 점차 연결되기 시작했다.

어려운 책을 읽어낸 경험은 이후의 독서에 큰 도움이 된다. 독서력이 향상되는 순간을 경험하게 될 것이다. 어려운 책을 애써서 끝까지 읽었는데 여전히 이해되지 않더라도 그 안에서 얻은 지식은 그대로 남아 있다. 언젠가 다른 책을 통해 그 지식이 연결될 수 있을 것이다.

단위 지식 가지

지식서와 자기 계발서를 마인드맵으로 그리는 과정에는 큰 차이가 없다. 지식서에는 여러 영역이 있지만 마인드맵을 그리는 기본

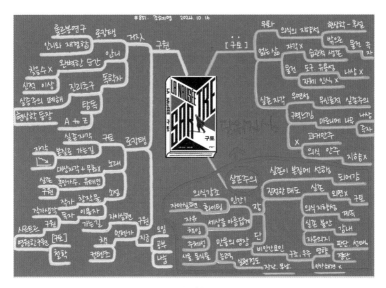

비문학 5

방법은 동일하다. 먼저 목차를 참고해 큰 주제를 생각하고, 그 주제에 맞춰 마인드맵을 그린다. 지식서를 읽다 보면 유용한 이론이나 정보를 발견하게 되는데 이를 잘 정리하는 것이 중요하다.

마인드맵을 그리는 이유 중 하나는 나중에 필요할 정보를 쉽게 찾아 활용하기 위함이다. 그래서 '단위 지식 가지'라는 방식으로 별도의 정보를 담기도 한다(《비문학 5》). 이 방식은 소설이나 에세이에서도 활용할 수 있지만, 주로 새로운 지식을 탐구하기 위해 지식서에서 사용된다. 읽는 도중에 기억하고 싶은 정보를 발견하면 꼭 단위 지식 가지를 만들어볼 것을 권한다. 나는 마인드맵에 최소한 하나 이상의 단위 지식 가지를 넣으려고 노력한다. 지식서와 자기 계발서에서는 특히 단위 지식 가지를 자주 사용하며, 소설이나 에세이에서도 기억하고 싶은 정보는 가지로 만들어 이미지를 통해 기억할 수 있다.

벽돌책 마인드맵

얼마나 두꺼워야 벽돌책이라고 할까? 벽돌책을 읽는 데 한계가 있다고 느껴진다면 그것은 심리적 한계다. 소설은 800페이지가 넘더라도 심리적인 부담이 훨씬 적다. 시도해보지 않았거나 성공한 적이 없어서 생긴 막연한 두려움일 뿐이다. 경험에 비추어보면 책의 두께는 마인드맵을 그리는 데 그다지 영향이 없다. 두께가 아니라 책의 주제나 내용에 따라 읽는 방법과 마인드맵을 그리는 방법이 달라진다.

벽돌책은 분량이 많아 읽는 데 시간이 오래 걸린다. 뒷부분을 읽을 때 앞부분의 내용을 잊어버리기도 쉽다. 이럴 때 중요한 것은 끝까지 읽는 것이다. 중간에 내용을 다 잊어버렸다고 생각되더라도 계속 읽어나가야 한다. 그래야 완독할 수 있는 독서력이 생긴다. 벽돌책을 몇 번 완독하다 보면 책의 두께에 대한 두려움이 사라지고 더 깊은 독서가 가능하다. 원래 하던 대로 중요한 부분에 표시하고 생각을 적어나가다 보면, 아무리 두꺼운 책이라도 완독하고 마인드맵을 그릴 수 있다.

독서 중에 챕터가 끝날 때마다 기록한 메모를 이어보는 과정은 중심 키워드를 찾는 데 큰 도움이 된다. 이 과정을 통해 책의 전체적인 내용을 파악하고 마인드맵에 남길 부분을 선택하며 나만의 스토리를 구상할 수 있다. 벽돌책의 분량이 많아 모든 내용을 정리하기 어렵다면, 자신에게 의미 있는 내용을 선택해서 요약하고 마인드맵을 그리면 된다. 중요한 것은 모든 내용을 다 담는 것이 아니라 이해한 만큼만 요약하여 나만의 방식으로 정리하는 것이다.

마인드맵을 그릴 때, 목차를 보며 큰 주제를 생각하고 그 주제에 대한 단위 지식을 한 장에 담는 것도 좋은 방법이다. 만약 내용이 너무 많아 한 장에 다 담을 수 없다면 여러 장으로 나누어 그릴 수도 있다. 나는 되도록 한 권의 책에 한 장의 마인드맵을 그리려고 하지만 필요하다면 여러 장으로 나누기도 한다.

우리의 시간과 에너지는 제한적이다. 만약 어떤 책이 내게 의미가 크다면 여러 장의 마인드맵을 그리고 오랜 시간 그 책에 머물러 있어도 좋다. 하지만 대부분은 한 장의 요약으로도 충분하다. 마인드맵은 독서를 돕는 도구이기 때문에 지나치게 많은 기록은 오히려

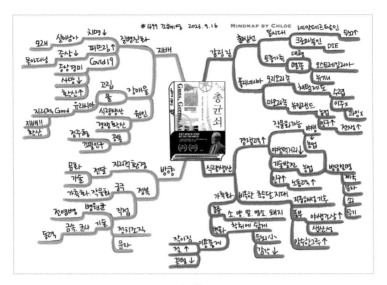

비문학 6

독서 생활을 방해할 수 있다. 지금의 독서력을 받아들이고 계속 도전해나간다면 다음에 같은 책을 읽었을 때 더 깊은 이해와 생각을 가질 수 있을 것이다.

〈비문학 6〉은 재레드 다이아몬드의 『총 균 쇠』를 읽고 그린 마인드맵이다. 목차를 이용하여 1, 2, 3, 4부를 중심 가지로 삼고 이해한 부분과 인상 깊었던 부분을 추가했다. 이 마인드맵은 극단적으로 요약된 형태이며, 현재 내 독서 수준에서 책을 소화한 결과물이다. 내용이 부족해 보여도 실망할 필요는 없다. 다음에 비슷한 책을 읽을 때 더 나은 독서력을 기대해볼 수 있다. 두꺼운 책을 완독하고 마인드맵을 그렸다는 것만으로도 큰 성취이며, 이를 통해 독서력이

생각 정리의 기술 실천편

향상되었다고 할 수 있다. 읽고 기록한 그 자체로도 자신을 칭찬해 주어야 한다.

코넬 노트법의 활용

지식서나 자기 계발서를 노트에 메모할 때 코넬 노트법을 사용하면 마인드맵을 더 쉽게 그릴 수 있다. 코넬 노트 필기법은 1940년대 미국 코넬 대학교의 교육학 교수인 월터 포크 박사에 의해 개발된 기록법으로, 학습 능력을 높이는 방법으로 널리 사용되고 있다.

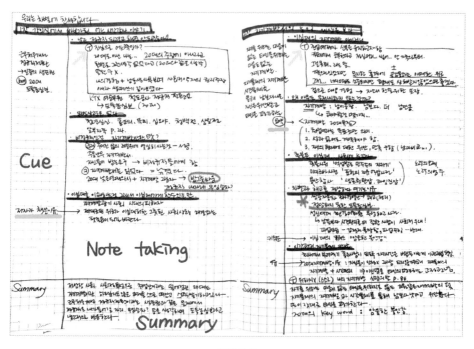

비문학 7

코넬 노트는 크게 세 부분으로 나뉜다. 먼저 노트 필기 영역Note taking에는 일반적인 필기를 키워드 형식으로 작성한다. 왼쪽의 키워드 영역Cue에는 필기한 내용 중 핵심이 되는 키워드를 나열하고, 아래쪽 요약 영역Summary에는 필기한 내용을 보지 않고 자기만의 언어로 한두 문장으로 요약한다. 필기하는 순서는 '노트 필기 → 키워드 → 요약'이다.

코넬 노트법을 설명하는 이유는 이 방식이 마인드맵을 그리는 데 아주 유용하기 때문이다. 마인드맵을 그릴 때는 코넬 노트와는 거꾸로 '요약 → 키워드 → 노트 필기'의 순서로 진행된다고 생각하면 된다.

먼저 '요약 영역Summary'의 내용에서 가장 중요한 키워드를 뽑아 중심 가지로 사용한다. 이때 필기의 양이 너무 많지 않도록 주의해야 한다. 〈비문학 7〉을 보면 한 페이지에 한 개의 장을 담았다. 각 장을 요약한 문장을 보면서 중심 가지로 올릴 수 있는 키워드를 선택한다. 중심 가지에서 세부 가지로 뻗어나갈 때는 '키워드 영역Cue'에 적어둔 키워드를 활용한다. 더 세부적으로 뻗어나갈 때는 '노트 필기 영역Note taking'에 메모한 내용을 바탕으로 생각과 감정, 느낌을 추가하여 표현한다. 주제에 지식을 요약하고 생각을 추가하는 방식으로 진행되는 것이다.

오찬호의 『우리는 차별에 찬성합니다』를 읽고 노트에 정리하면서 20대의 특징이 중요하게 느껴져 요약해보았다(《비문학 7》). 요약한 내용을 보며 '이 부분을 마인드맵의 중심 가지로 써야겠다'라는 생각이 들었다. 저자가 책을 쓴 이유를 밝힌 부분에서도 마인드맵

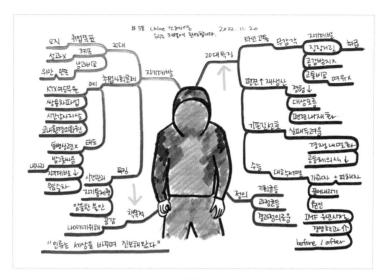

비문학 8

에 남기고 싶은 부분을 찾았고, 노트를 작성하는 단계에서 표시해 두었다(《비문학 8》). 책을 읽는 과정에서 중심 가지로 쓸 수 있는 키워드를 찾는 것은 마인드맵을 그리는 사람이라면 자연스럽게 진행되는 과정이다. 마인드맵 그리기가 습관이 되면 이 과정이 책을 읽는 동안 계속해서 동시에 이루어진다.

마인드맵을 그리는 독서가 습관이 되면 책을 읽는 과정, 노트하는 과정, 마인드맵을 그리는 과정이 하나로 이어진다. 중심 가지를 찾는 것이 처음에는 어려울 수 있지만, 점차 독서 중에 목차를 보면서 자연스럽게 판단하게 된다. 시간을 내어 고민하지 않더라도 읽으면서 저자가 설명한 순서대로 정리할지, 나만의 키워드로 재분

류할지 판단하게 된다. 물론 처음에는 목차를 보며 고민할 시간이 필요하지만 마인드맵으로 생각하는 것이 습관이 되면 자동으로 진행된다.

독서와 기록의 시간 동안 책의 내용을 생각하면서 '중심 가지로 쓸 것인가?'라는 질문을 계속하게 된다. 이미 충분히 그릴 준비가 된 상태에서 마인드맵의 빈 종이를 만나게 되는 것이다. 마인드맵을 그리는 생각이 자동화되면 더 이상 어렵지 않고 자연스럽게 떠오르는 과정이 된다. 다른 노트법보다 마인드맵이 먼저 떠오르는 이유다.

코넬 노트법을 추천하는 이유는 이 방법이 마인드맵을 그리기에 매우 편리하기 때문이다. 현재 나는 이 방법으로 메모하고 있지 않지만 키워드 영역에서 키워드를 뽑고 요약 영역에서 중요한 문장을 찾는 과정은 여전히 진행 중이다. 특별한 노트법을 무조건 그대로 따라 하지 않고 그 노트법이 주는 생각의 흐름을 나만의 방식으로 만든 것이다. 노트법도, 마인드맵을 그리는 법도, 처음에는 다른 사람이 성공한 방법을 따라 시작하지만 결국 자신만의 방법을 찾는 것이 목표다.

- 시작하는 단계에서는 유명한 자기 계발서 한 권으로 마인드맵 그리기를 시도해보자. 큰 목차가 3~4개라면 더 좋다. 처음에 막연하다면 목차만 보면서 목차 마인드맵을 그려보면 읽을 때도, 마인드맵을 그리는 데도 도움이 된다.

생각 정리의 기술 실천편

여러 권, 여러 장의 마인드맵

독서 마인드맵을 그리다 보면 한 권의 책에서 여러 장의 마인드맵을 그리기도 하고, 여러 권의 책을 한 장의 마인드맵에 담기도 한다. 같은 책에서 여러 장의 마인드맵을 그리는 경우와 여러 권의 책을 한 장의 마인드맵으로 그리는 경우를 살펴보겠다.

책 한 권, 여러 장의 마인드맵

같은 책을 여러 장의 마인드맵으로 그리는 이유는 내용이 많아서라고 생각하겠지만, 내용이 많다고 해서 꼭 여러 장으로 그리지는 않는다. 여러 장의 마인드맵을 그리는 이유는 그 책이 특별히 더 의미가 있거나 중요하기 때문이다. 단순히 내용이 많다고 해서 무조건 여러 장으로 나누면 작업 자체가 부담스러울 수 있다. 기본적으로는 한 권의 책에 한 장의 마인드맵을 목표로 하고, 필요한 경우 추가로 그리는 것이 좋다.

부분 나눠 그리기

같은 책으로 마인드맵을 여러 장 그릴 때는 보통 챕터별로 나누는 것이 일반적이다. 예를 들어 책을 나누어 읽는 독서 모임에서는 각 챕터를 따로 마인드맵으로 정리할 수 있다. 나눠서 그린 마인드맵은 전체 마인드맵을 그리는 데 큰 도움이 된다. 『소유냐 존재냐』의 1부(《여러 장 1》)와 2부(《여러 장 2》)를 나누어 마인드맵으로 정리하면 각각의 부분을 더 잘 이해할 수 있고 전체를 하나로 통합하는

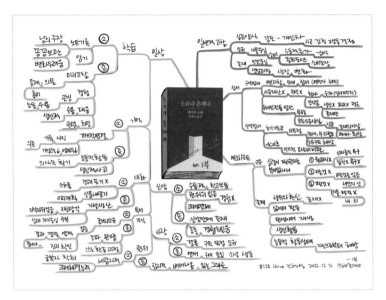

여러 장 1

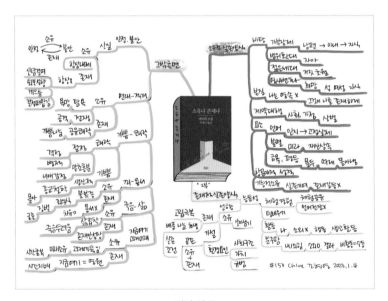

여러 장 2

생각 정리의 기술 실천편

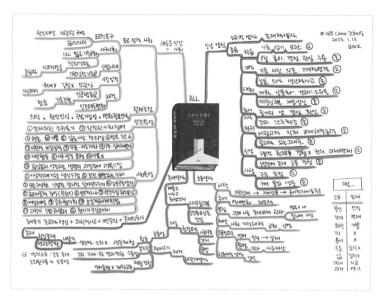

여러 장 3

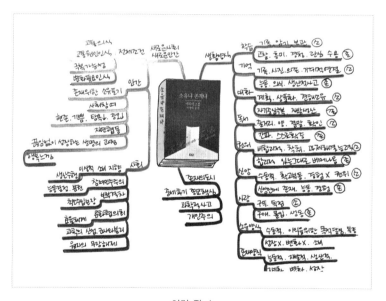

여러 장 4

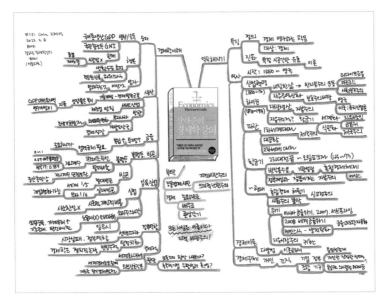

여러 장 5

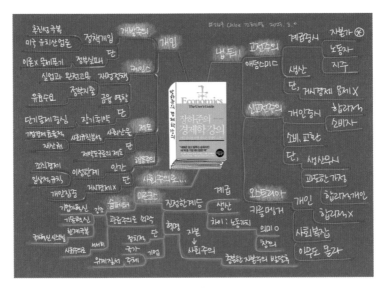

여러 장 6

생각 정리의 기술 실천편

것도 더 수월해진다. 나누어 그리면서 이해한 만큼 정리하고, 이후 여러 번의 요약 과정을 통해 결국 한 장의 마인드맵에 핵심적인 내용을 담아낼 수 있다.

부분적으로 그린 마인드맵을 한 장으로 요약하는 과정은 이해를 깊게 하고 요약 능력을 키우는 데 매우 효과적이다. 처음에는 내용이 많아 텍스트가 많아지기 쉬운데, 내용이 많으면 마인드맵의 장점인 시각적 직관성이 줄어든다. 따라서 이미 그린 마인드맵을 다시 보면서 요약해보는 것이 좋다. 반복하면서 점점 더 핵심적인 키워드만 남게 되고, 점차 간결하고 명확한 마인드맵이 완성된다. 이렇게 개선된 마인드맵은 정보 전달력이 훨씬 더 높다. 〈여러 장 4〉는 〈여러 장 3〉을 요약해서 다시 그린 것이다. 그리기를 반복하면 요약되면서 내용은 점점 줄어들고, 〈여러 장 4〉처럼 중요한 키워드만 남는 마인드맵을 그릴 수 있다.

책을 읽다 보면 특정 주제를 별도로 정리하고 싶을 때가 있다. 『장하준의 경제학 강의』를 읽을 때 경제학파에 관한 내용을 따로 마인드맵으로 정리하는 것이 유용하다고 생각했다. '경제학파의 분류'와 같은 단위 지식을 별도로 저장하면(〈여러 장 6〉), 이후에 필요한 순간에 쉽게 꺼내 활용할 수 있다. 중요한 내용을 따로 정리해두면 기억에도 오래 남고, 특정 주제를 더 깊이 이해하는 데 도움이 된다.

목적 나눠 그리기

책을 읽고 마인드맵의 목적에 따라 주제를 나누어 여러 장으로 그릴 수도 있다. 『제인 에어』를 읽고 저자의 삶에 관한 내용으로 한

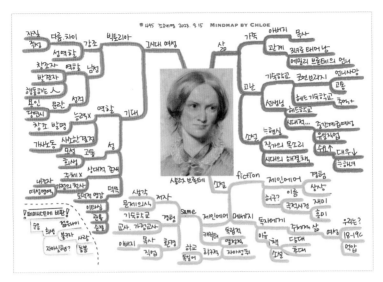

여러 장 7

여러 장 8

생각 정리의 기술 실천편

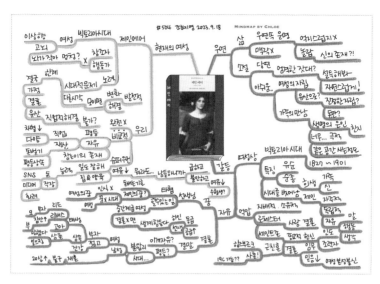

여러 장 9

장(《여러 장 7》), 주인공 제인 에어가 거쳐간 장소에 따라 한 장(《여러 장 8》), 책의 주요 주제를 키워드로 정리한 한 장(《여러 장 9》), 이렇게 세 가지로 나누어 마인드맵을 그려보았다. 소설은 갈등이나 사건을 분류하여 각각의 마인드맵으로 그리면 이해가 훨씬 쉬워진다. 여러 장으로 그린 마인드맵은 그만큼 깊이 있게 생각했다는 증거다. 책이 던진 질문들에 대해 오래 고민하고, 그 여운을 마음속에 품고 있을 때 이런 방식이 유용하다.

책을 읽기 전에 목차를 마인드맵으로 그려보는 것도 유용한 방법이다. 목차를 마인드맵으로 그리면 책의 전체 구조를 미리 파악할 수 있어 독서가 훨씬 체계적이고 효율적으로 이루어진다. 『그릿』

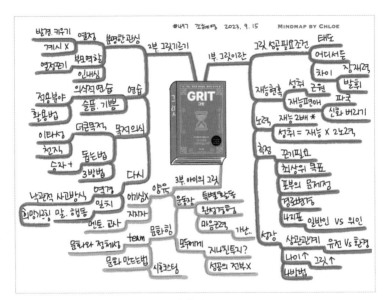

여러 장 10

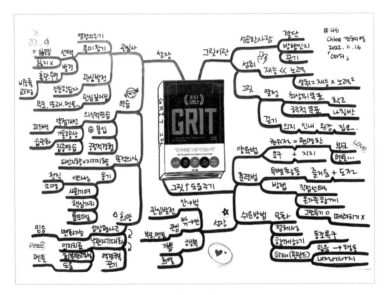

여러 장 11

생각 정리의 기술 실천편

의 목차를 마인드맵으로 그려보니, 책을 읽는 동안 각 내용이 어디에 위치하는지 머릿속에 지도가 생겼다(《여러 장 10》). 목차 마인드맵은 책을 읽기 전뿐만 아니라 읽은 후에도 유용하다. 책이 어렵게 느껴질 때 목차 마인드맵을 그려보면서 전체적인 흐름을 다시 잡아볼 수 있다.

재독으로 다시 그리기

같은 책으로 여러 장의 마인드맵을 그리는 마지막 이유는 '성장'을 확인하기 위함이다. 책을 읽고 마인드맵을 그리면 그때 이해한 만큼의 내용을 담게 된다. 시간이 지나 다시 그 책을 읽고 새로운

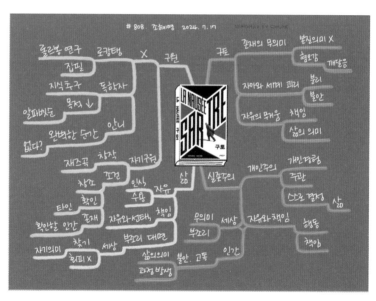

여러 장 12

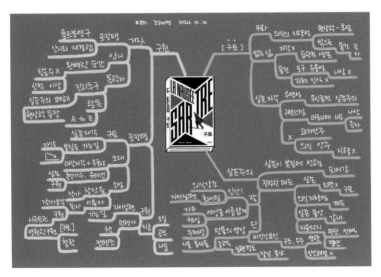

여러 장 13

마인드맵을 그리면 내 이해와 사고의 성장이 반영된 결과물을 만들어낼 수 있다. 사르트르의 『구토』를 처음 읽고 그린 마인드맵(《여러 장 12》)과 실존주의에 관해 공부한 후 다시 그린 마인드맵(《여러 장 13》)은 큰 차이를 보인다. 이처럼 마인드맵은 성장의 과정을 시각적으로 보여주는 도구이기도 하다.

책 여러 권, 한 장의 마인드맵

여러 권의 책을 읽고 한 장의 마인드맵으로 정리하는 방식은 주로 '프로젝트 공부'에서 유용하다. 프로젝트 공부란 '내 질문에 대해 모든 자료를 활용하여 답을 찾는 과정'이다.

일상에서 새로운 분야에 도전하거나 질문이 생길 때, 어떤 문제를 해결하고 싶을 때 우리는 전문가를 찾지만, 그게 쉽지 않을 때가 많다. 그래서 스스로 여러 자료를 찾아 공부하며 답을 찾게 된다. 일반적인 독서는 한 권의 책을 읽는 것이지만, 프로젝트 공부는 독서, 강의, 인터뷰, 블로그 글 등 모든 자료를 활용하여 깊이 있게 공부하는 것이다.

책, 영상, 강의, 기사, 블로그 등 다양한 자료를 살펴보고 이 모든 것을 한데 모아야 한다. 모든 자료를 다 볼 수 없으니 선택이 필요하다. 만약 프로젝트 공부를 위해 여러 권의 책을 선택했다면, 모든 책을 완독하는 대신 필요한 부분만 발췌해서 읽는 것도 가능하다. 저자의 의도를 따르기보다 나의 질문에 대한 답을 찾는 과정이기 때문이다.

마인드맵을 그리기 위해 책을 읽는 방법은 일반적인 독서와 같다. 생각이 떠오르면 메모하고 표시하면서 읽는다. 선택된 자료에서 중심 키워드를 결정하고 가지를 뻗어나간다. 여러 권의 책을 읽을 때는 각각의 마인드맵을 간단하게라도 그려보면 좋다. 한 권의 책도 한 장으로 정리하기 힘든데 여러 권의 책을 한 장으로 정리하려고 하면 막막해지니, 각각의 책을 각각의 마인드맵으로 먼저 그리는 것이 좋다. 이때 내용은 필요한 부분만 간략하게 그린다. 발췌독을 했다면 종이를 가득 채우지 않더라도 그 부분만 가지 하나를 내서 그려보는 정도로도 괜찮다. 그 후 여러 권을 한꺼번에 묶는 한 장의 마인드맵을 다시 그린다.

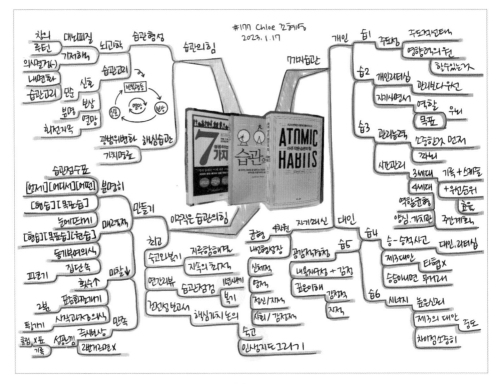

여러 장 14

    '좋은 습관 만들기'라는 주제로 프로젝트 공부를 하면서 강의 자료와 함께 『습관의 힘』, 『아주 작은 습관의 힘』, 『성공하는 사람들의 7가지 습관』이라는 3권의 책을 공부의 범위로 선택했다. 『습관의 힘』에서는 습관 형성의 메커니즘 부분만 발췌해서 읽었고, 『아주 작은 습관의 힘』에서는 좋은 습관을 만드는 방법을, 『성공하는 사람들의 7가지 습관』에서는 좋은 습관에 관한 마인드를 공부

생각 정리의 기술 실천편

하여 각 책의 필요한 부분을 넣은 간단한 마인드맵을 그렸다(《여러
장 14》). 각 책의 핵심 내용을 발췌하여 하나의 주제로 묶는 과정에
서 내 생각이 구조화되고 지식도 한눈에 파악할 수 있게 되었다.

프로젝트 공부의 예로, 온라인 독서 모임을 이끌어야 할 때, 관
련된 여러 책과 자료를 참고하여 마인드맵을 그릴 수 있다. 각각의
자료를 키워드로 노트하면서 공부한 후, 자료를 꽉 채우지 않더라
도 한 장씩 정리하며 간단한 마인드맵을 그리고, 각각의 마인드맵
에서 가장 중요한 키워드를 하나씩 뽑아보았다. 준비 과정에서 그

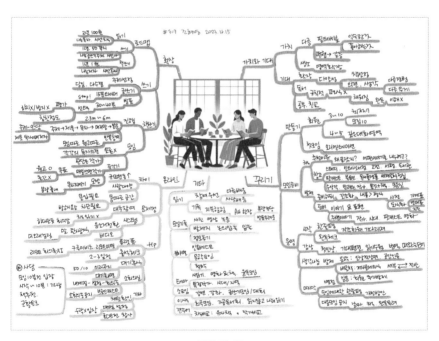

여러 장 15

린 각각의 마인드맵에서 뽑은 중요 키워드 하나는 한 장으로 정리된 마인드맵의 중심 키워드가 되었다. 한 장에 내가 필요한 공부의 모든 내용이 담기면, 그 자체로 결과물이 될 뿐만 아니라 마인드맵을 구조로 글을 쓸 수도 있다.

마인드맵 한 장의 의미는 하나의 주제로 이어지는 깊고 넓은, 좀 더 전문적인 생각을 가능하게 한다. 이 과정에서 지식을 편집하고 재조합하면서 기록은 쌓이고 또 내 지식으로 통합된다.

〈여러 장 15-1〉부터 〈여러 장 15-5〉는 〈여러 장 15〉를 그리기 전에 각각을 공부하면서 그린 마인드맵이다.

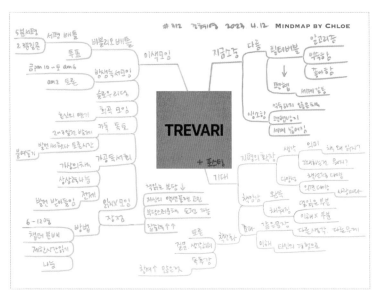

〈여러 장 15-1〉 인터뷰 영상과 블로그, 브런치 포스팅 정리

생각 정리의 기술 실천편

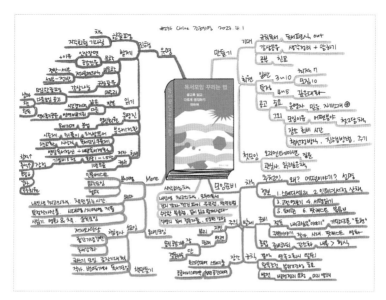

〈여러 장 15-2〉『독서 모임 꾸리는 법』 책 정리

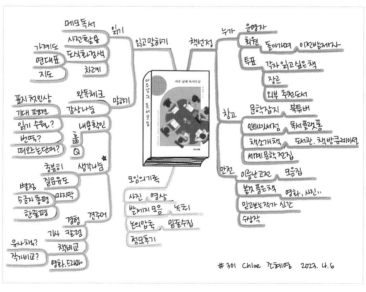

〈여러 장 15-3〉『아무 날에 독서 모임』 책 정리

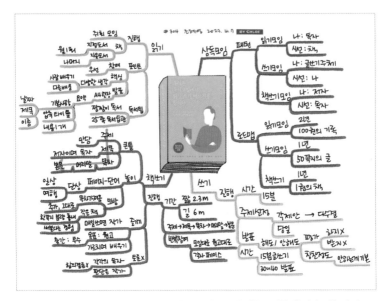

〈여러 장 15-4〉『우리는 독서 모임에서 읽기, 쓰기, 책 쓰기를 합니다』책 정리

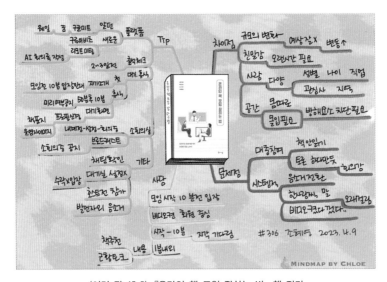

〈여러 장 15-5〉『온라인 책 모임 잘하는 법』책 정리

생각 정리의 기술 실천편

- 지금까지 다양한 독서 마인드맵을 살펴보았다. 읽고 지식을 정리하고 싶거나 생각이 많아지게 만드는 책을 만났다면 독서 마인드맵을 그려보자. 독서 마인드맵이 어렵다고 생각되면 그림책과 같이 텍스트가 적은 책으로 도전해보는 것도 좋은 방법이다.

7. 강의 마인드맵

강의와 강연을 듣는 이유는 다양하다. 대부분 지식을 얻거나 문제를 해결하기 위해 강의를 듣지만 동기부여나 자기 계발, 새로운 기술을 배우기 위해 듣는 경우도 많다. 강사는 자신의 지식과 경험을 전해주고, 우리는 그것을 통해 변화를 이루려 한다. 하지만 단순히 강의를 듣기만 해서는 큰 변화를 만들기 어렵다. 이때 마인드맵은 변화를 돕는 효과적인 도구가 된다.

강의를 듣고 기록하지 않으면 쉽게 잊어버린다. 노트에 내용을 적는 것만으로는 나중에 다시 이해하거나 생각을 확장하기 어렵다. 하지만 마인드맵은 다르다. 마인드맵의 가지들은 서로 연결될 가능성이 있고, 각각이 하나의 지식 단위다. 이런 점에서 마인드맵은 생각을 더 쉽게 확장할 수 있게 돕는다.

마인드맵을 그리기 위한 준비

마인드맵을 그리려면 핵심 키워드를 메모하는 것이 필요하다. 강의를 들을 때 중요한 단어를 간단히 메모해두어야 한다. 아무런 기록 없이 마인드맵을 그리면 단순한 요약도 힘들고 감상을 기록하는 것에 그칠 가능성이 크다. 따라서 지식의 단위를 형성하는 키워드 메모는 매우 중요하다.

마인드맵으로 강의를 정리할 때 가장 어려운 점은 중심 가지에 들어갈 중심 키워드를 찾는 것이다. 강의에 따라 목차가 분명할 수도 있고 그렇지 않을 수도 있다. 강사가 첫째, 둘째로 나누어 설명하면 목차를 쉽게 알 수 있지만, 이야기 형식으로 진행되는 강의라면 듣는 중에 중요한 키워드를 직감적으로 선택해야 한다. 이때는 맞고 틀린 것이 없으니 자신만의 방식으로 선택하면 된다.

키워드를 메모할 때 중요한 키워드에 동그라미를 쳐서 표시해두면 나중에 중요한 키워드를 골라내는 데 도움이 된다. 중심 키워드를 정하면 나머지는 자연스럽게 떠오르며 연결된다.

강연이 시작되기 전에 강연 주제에 대해 생각해보고 떠오르는 단어를 키워드로 적어보거나, 강연 제목을 보고 떠오르는 질문을 적는 것도 좋은 방법이다. 이렇게 하면 강의를 더 잘 이해하고 적극적으로 참여할 수 있다. 이 방법은 책을 읽을 때도 사용할 수 있다.

강연이 끝난 후에 잠깐 시간을 내어 강연에서 떠오른 생각을 간단한 키워드로 메모해두면, 마인드맵을 그릴 때도 도움이 되지만 강연 내용을 자기 것으로 만드는 데도 큰 도움이 된다. 또한 강연에서 얻은 질문이나 과제를 통해 새로운 생각을 발견할 수도 있다.

마인드맵을 소개한 드니 르보의 『생각 정리의 기술』에서도 자기만의 규칙과 의미 두기를 통해서 마인드맵을 자기화하는 방법을 소개하고 있다. 마인드맵 속에 자신만의 표시를 남기면 다시 읽어낼 때도 좋고, 나만 아는 의미라는 점에서 마인드맵 그리는 생활을 이어가는 데 도움이 된다. 별표나 색깔 등을 사용하여 중요한 가지를 강조하면 나중에 더 쉽게 내용을 떠올릴 수 있다. 마인드맵은 지식을 정리하고 자기 것으로 만드는 데 매우 유용하다.

강의와 영상 콘텐츠의 활용

〈강의 1〉은 강연을 듣고 그린 마인드맵이다. 키워드를 적은 메모가 여러 장이었지만, 한 장의 마인드맵으로 강연의 내용뿐만 아니라 당시에 받았던 느낌까지 기록했다. 이는 다음에 펼쳤을 때 이미지와 지식과 그때의 현장 느낌도 함께 떠올릴 수 있게 해준다. 이 한 장으로 그날 강연의 느낌과 생각을 재현할 수 있다.

오늘날 우리는 유튜브 등의 영상을 통해 많은 정보를 얻는데, 정보가 내 안으로 들어온 후 자기화하지 않으면 쉽게 잊어버리고 남는 게 없다. 영상을 볼 때도 키워드를 메모하고 마인드맵을 그려보면 영상의 내용을 더 깊이 이해하고 자기 생각을 정리할 수 있다. 마인드맵은 단순히 내용을 정리하는 것을 넘어, 자기 생각을 발전시키는 데 큰 도움을 준다.

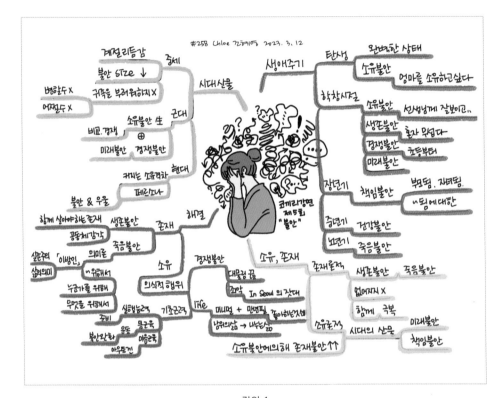

강의 1

　문학과 미술에 관한 책을 보면서 서양 역사에 대해 검색하다 보
니 알고리즘이 이동진 님의 영상 강의를 추천해줬다. 강의를 들으
며 메모하고 마인드맵을 그린 후(《강의 2》) 다시 찾아볼 때마다 5분
미만의 시간을 들여 마인드맵을 회상해 내 지식으로 만들고 있다.
물론 글로만 적은 노트로도 공부는 가능하다. 하지만 이미지와 함
께 있는 마인드맵은 그림 자체로 흥미를 유발하고 부담 없이 복습

　　　　　　　　　　　　　생각 정리의 기술 실천편

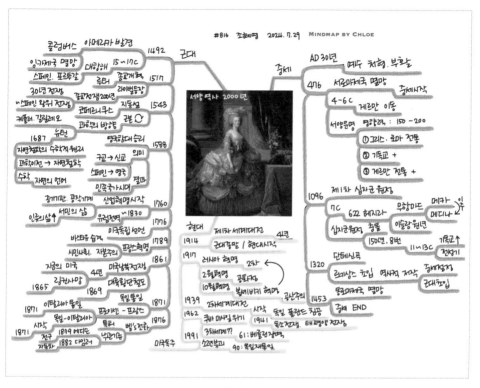

강의 2

할 수 있어서 더 자주 보게 된다.

『토니 부잔의 마인드맵 암기법』에서는 헤르만 에빙하우스의 망각곡선을 극복하기 위한, 습득한 지식의 복습 방법을 소개한다. 공부 후 10분, 24시간, 1주, 1개월에 다시 복습하는 과정을 통해서 영구 기억으로 갈 확률은 높아진다. 이때 최고의 회상 방법은 마인드맵이다. 이미지로 순간적인 복습이 가능하고, 가지를 따라 생각

이 흐르고 끝에 더 확장되는 이 모든 경험이 채 5분도 걸리지 않고
진행된다.

짧은 영상과 마인드맵 연습

마인드맵을 잘 그리기 위해서 짧은 영상을 보고 연습하는 것도 좋

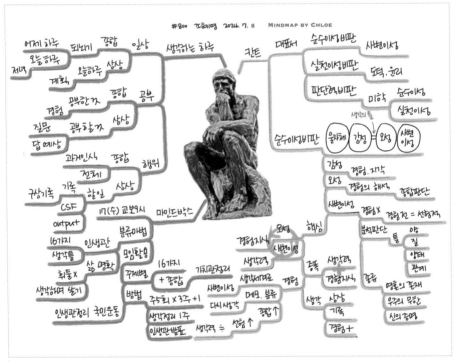

강의 3

생각 정리의 기술 실천편

은 방법이다. 5~10분 정도의 짧은 영상을 보고 키워드를 뽑아 마인드맵을 그리다 보면 점점 더 능숙해질 수 있다. 매일 책 한 권을 읽고 마인드맵을 그리기는 어렵지만, 짧은 영상을 보고 마인드맵을 그리는 것은 그렇게 어렵지 않다. 이러한 연습을 통해 우리는 정보를 더 잘 정리하고 생각을 구조화할 수 있다.

나는 온라인 공부 커뮤니티 '아이캔유니버스'에서 매일 모닝 루틴을 함께하고 있다. 모닝 루틴 끝에는 매일 듣는 '5분 강의'를 마인드맵으로 정리한다. 마인드맵을 그리는 능력을 유지하고 발전시키기 위해 시작한 것인데, 현재 5분 강의 영상 마인드맵만으로 400장이 넘게 쌓였다. 마인드맵은 단순한 정리를 넘어 아웃풋이 되어가고 있으며, 이 누적을 바탕으로 더 멋진 무언가를 해볼 수 있기를 꿈꾼다.

강연을 듣거나 짧은 영상을 보고 그린 마인드맵에는 한두 개의 지식 덩어리와 내 생각이 정리되어 있다. 이 단위 지식은 머릿속에서 언제나 편집할 수 있는 재료로 떠다니다가 다른 생각이나 지식과 만나 새로운 창조의 근원이 된다.

강의나 강연을 들은 후 내용을 기억하고 자기 것으로 만드는 데는 마인드맵이 매우 유용하다. 단순히 노트에 적는 것보다 키워드를 중심으로 가지를 뻗어나가는 마인드맵은 지식을 구조화하고 생각을 정리하는 데 큰 도움이 된다. 영상을 볼 때도 마찬가지다. 간단한 키워드를 적고 마인드맵을 그리다 보면 지식이 머릿속에 오래 남고 새로운 생각도 쉽게 이어진다.

- 우리는 영상 정보의 홍수 속에 살고 있다. 하지만 필요해서 검색한 영상을 보더라도 보고 나면 금세 휘발되어버리는 경우가 많다. 영상이나 강의를 그냥 보지 말고 키워드를 정리하고 마인드맵으로 표현해보자. 지식과 생각이 정리되는 것을 느낄 수 있을 것이다.

8. 글쓰기 마인드맵

마인드맵은 그리는 과정만으로도 많은 것을 준다. 엉켰던 생각을 정리해주고, 문제의 해결책을 찾는 데 도움을 준다. 정보를 정리하면서 전체적인 내용의 흐름을 이해하게 되고, 이후에는 더 길게 이어지는 생각의 흐름을 경험할 수 있다.

어떤 식으로 그린 마인드맵이든 모두 글쓰기의 좋은 재료다. 글을 쓰려면 정리된 생각의 흐름이 필요하다. 보통 마인드맵에서 나온 가지들은 단순히 나열된 것이 아니라 분류되고 조합되면서 하나의 결론으로 이어진다. 마인드맵은 이 과정을 시각적으로 보여주며, 글의 개요로도 활용될 수 있다.

책 읽고 글쓰기

책을 읽은 후 마인드맵을 그려서 정리된 지식은 자연스럽게 생각과 연결된다. 생각이 많아지면 글로 쓰고 싶어진다. 글을 쓰면 책 한 권에서 얻은 생각을 마무리 짓는 느낌을 받는다. 이때 마인드맵은 큰 도움이 된다. 복잡하고 어려운 책도, 내가 이해한 것과 그에 관한 생각을 정리할 수 있다. 또한 현재 내가 어떤 생각을 하고 있으며 무엇을 쓸 수 있는지 명확하게 알게 된다.

〈글쓰기 1〉과 〈글쓰기 2〉는 독서 모임에서 함께 읽은 책을 바탕으로 그렸는데, 책을 정리하고 생각하기 위해서뿐만 아니라 글을 쓰기 위해서 그린 것이기도 하다. 책을 읽고 나서 무슨 글을 써야 할지 막막할 때가 있다. 이는 마인드맵에서 중심 가지를 찾지 못한 것과 비슷한 상황이다. 그럴 때 나는 책에서 가장 인상 깊은 2~3가지 키워드를 뽑아 마인드맵을 그려본다. 이렇게 뻗어나간 가지들은 책의 다른 내용과 연결되고, 자연스럽게 생각도 정리된다. 과거의 경험이나 에피소드가 떠오르면 더 추가해서 가지를 뻗어나갈 수 있다. 이렇게 완성된 마인드맵은 글쓰기의 주제로 이어질 수 있다.

영화 보고 글쓰기

영화를 보는 이유는 다양하다. 단순히 오락 영화도 있지만 사회적 메시지나 교훈이 담긴 영화도 많다. 재미로 보기 시작했는데 깊은

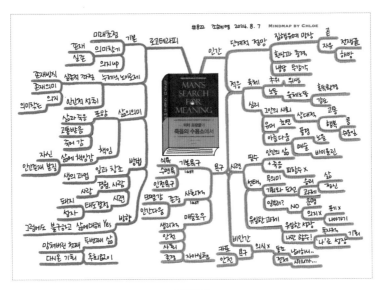

글쓰기 1

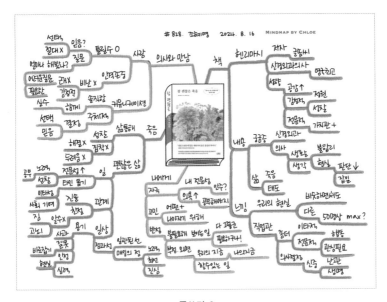

글쓰기 2

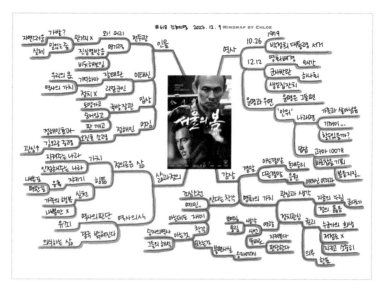

글쓰기 3

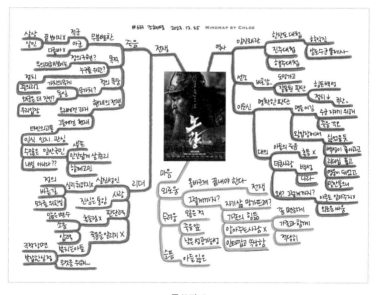

글쓰기 4

깨달음을 주는 영화도 있다. 책을 정리하듯 영화도 마인드맵으로 정리하면 더 깊이 있는 생각을 할 수 있다.

〈글쓰기 3〉은 영화 「서울의 봄」을 보고 느낀 감정을 정리한 마인드맵이다. 영화를 보고 나서 떠오른 생각은 '정의로운 삶'이었다. '삶과 정의'를 주제로 가지들을 뻗어나가며 글을 쓸 수 있었다. 〈글쓰기 4〉는 「노량 : 죽음의 바다」를 보고 그렸다. 이순신을 보며 '리더'에 대한 생각을 정리하여 글을 썼다.

모든 영화를 마인드맵으로 표현하지는 않지만 '글을 쓰고 싶다'는 생각이 들게 하는 영화는 마인드맵으로 정리한다. 시간이 지난 후에도 마인드맵을 보면 그때의 기억이 생생하게 떠오른다. 마인드맵은 텍스트보다 이미지처럼 직관적으로 정보를 전달한다. 특히 영상으로 남긴 마인드맵은 기억에 오래 남는다. 역사 영화를 볼 때는 역사적 배경이나 사건을 찾아서 마인드맵으로 정리하면 더 좋다. 그 마인드맵은 하나의 지식 가지가 되고 자기만의 지식으로 쌓인다. 영화감독이나 특정 인물의 일생과 업적을 가지로 정리해보는 것도 좋은 방법이다.

얼개 짜고 글쓰기

마인드맵은 여러 용도로 사용할 수 있다. 〈글쓰기 5〉는 생각 정리를 위해 그렸지만 글쓰기를 위해 사용되었다. 마음속의 혼란을 글로 쓰면 치유의 효과가 있다고 한다. 마인드맵도 비슷하다. 마인드

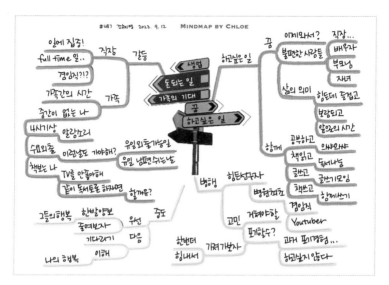

글쓰기 5

맵을 그리는 과정은 글을 쓰는 것보다 더 쉽고 간단하다. 마인드맵의 이미지와 가지가 자연스럽게 생각을 정리해주기 때문이다. 이 과정에서 글을 쓰면 생각이 한 번 더 정리되고 삶도 정돈되는 느낌을 받는다.

> • 글을 쓰기 전에 얼개를 짜면 훨씬 더 짜임새 있는 글을 쓸 수 있다. 얼개 짜기를 마인드맵으로 하면 더 넓은 확장의 가능성도 기대할 수 있다. 블로그를 할 때, 감상문을 쓸 때 마인드맵을 그리고 글을 써보자. 생각이 정리되고 주제가 명확해지며 글이 풍성해지는 것을 느낄 수 있을 것이다.

9. 그 밖의 마인드맵(발표, 전시, 모임)

발표 마인드맵

마인드맵은 발표 자료로도 활용할 수 있다. 코로나 팬데믹 이후 공간을 초월하여 온라인으로 공부나 취미를 함께하는 모임이 많아졌다. 지금은 다시 오프라인 모임이 자리 잡았지만, 온라인과 오프라인 모임 모두 중요한 일상이 되었다.

모임을 하다 보면 자기 결과물을 발표할 기회가 생긴다. 이때 마인드맵은 발표하는 데 좋은 도구가 된다. 텍스트에 얽매여 읽기만 하는 발표 대신 키워드로 연결된 생각을 자유롭게 이어갈 수 있게 도와주기 때문이다. 발표를 준비하면서 한 번, 발표 중에 또 한 번 생각이 확장된다. 발표를 듣는 사람도 마인드맵을 보면 집중력이 높아지고 새로운 생각이 떠오를 수 있다. 중심 이미지에서 시작하여 연결된 가지를 따라가는 것은 글자만 가득한 발표 자료보다 훨씬 흥미롭다.

마인드맵으로 준비하는 발표는 자료 없이 마이크를 잡아야 하는 오프라인 상황에서도 효과적이다. 마인드맵으로 발표 자료를 만들 때 가지에 있는 키워드는 외워야 할 단어가 아니라 이미지처럼 머릿속에 남는다. '다음에 무슨 말을 해야 하지?'가 아니라 '오른쪽 위에 빨간 가지가 떠오른다'는 식으로 기억된다. 한 번은 오프라인 발표를 할 때 마인드맵을 스크립트처럼 손에 들고 강단에 올랐

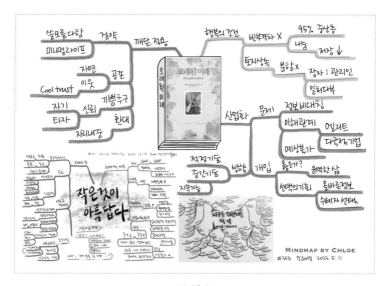

그 밖 1

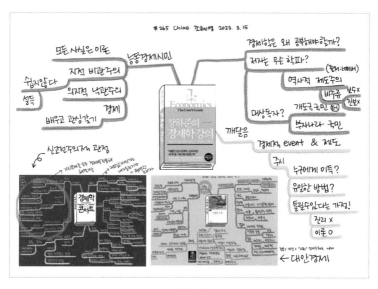

그 밖 2

다. 하지만 발표 중에 마인드맵을 한 번도 펼쳐보지 않았다. 외우지도 않았는데 이미지처럼 머릿속에 떠올랐기 때문이다.

전시 마인드맵

미술품 전시를 자주 보러 다니지는 않지만, 보고 나서 기억이 희미해지는 것이 불편해서 전시 마인드맵을 그리기 시작했다. 미술에 대해 깊이 아는 것도 아니고, 특별한 감상을 느끼지도 않았지만, 이렇게 그린 전시 마인드맵은 여행 마인드맵과 비슷한 효과를 주었다. 전시 마인드맵은 한 장의 추억을 기록하는 것이 목적이다. 그러다 관심이 생기면 작품이나 시대, 화가에 대해 더 알아보기도 한다. 이렇게 관심은 점점 넓어질 수 있다.

전시 마인드맵에 넣을 가지가 없을까 봐 시도를 못 하고 있다면 전시장에 가기 전과 관람 중, 관람 후를 모두 고려하면 된다. 미술품 전시를 보러 가기 전에 미리 궁금한 점을 적어보거나 정보를 찾아보면 마인드맵의 좋은 재료가 된다. 전시회를 다녀와서는 간단히 적어온 생각이나 가장 좋았던 작품과 이유를 기록해두는 게 좋다. 이런 생각들은 가능한 빨리 적어야 잊어버리지 않는다. 오디오 가이드를 듣거나 전시 설명 자료를 참고하는 것도 도움이 된다.

모임(회의) 마인드맵

여러 모임이나 회의 내용도 마인드맵으로 기록할 수 있다. 중요한 모임이든, 사적인 모임이든 기록해두지 않으면 2~3일 뒤에 잊기 쉽다. 일주일 뒤면 좋은 생각이나 아이디어가 있었다는 것조차 잊

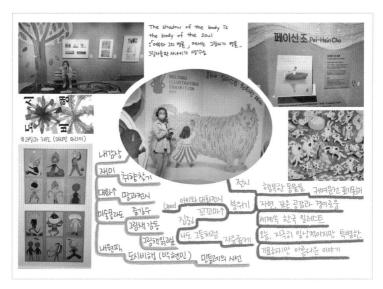

그 밖 3

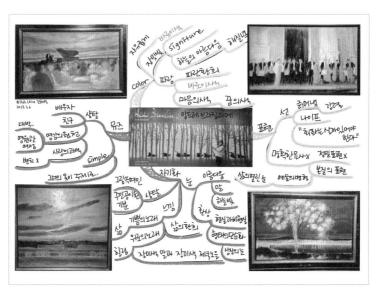

그 밖 4

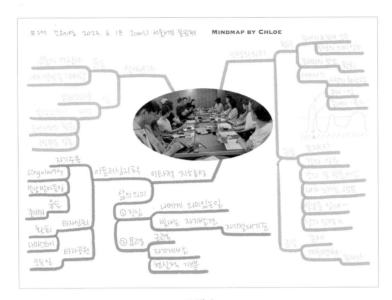

그 밖 5

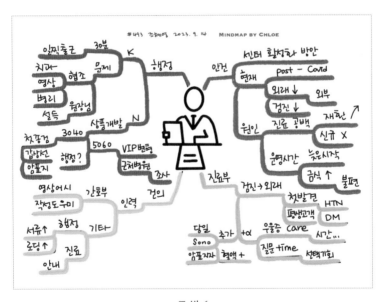

그 밖 6

생각 정리의 기술 실천편

어버리게 된다. 10~20분 정도를 투자해 그때의 정보와 생각, 감정을 마인드맵에 기록해보자.

편지 마인드맵

'이것까지 마인드맵으로 그려봤다!'라고 말할 수 있는 것이 있다면, 편지를 마인드맵으로 그린 경험이다. 함께 찍은 사진을 중심 이미지로 놓고, 그날의 생각과 마음을 펼쳐나갔다. 이렇게 이미지를 중심으로 하루를 기록하고 생각을 정리하면 일기 마인드맵이 되고, 누군가를 위해 쓴다면 편지 마인드맵이 된다.

마인드맵은 키워드로 표현할 수 있는 모든 주제와 목적에 사용할 수 있는, 집중력을 높이고 기억을 오래가게 해주는 좋은 기록 방법이다.

> • 또 다른 마인드맵 주제를 생각해보고 직접 그려보자. 종교가 있다면 종교 일기도 하나의 주제로 활용해볼 수 있다.

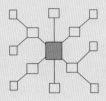

마인드매퍼란 마인드맵을 그리는 사람이다.

아름답게 그리기는 마인드매퍼의 조건이 아니다.

마인드매퍼는 마인드맵으로 생각하는 사람이다.

마인드맵을 그리지 않더라도 같은 방법으로 분류하고 확장할 수 있게 된다.

책을 읽을 때도 자연스럽게 중심 키워드를 찾아내는 습관이 생긴다.

이런 능력을 키우기 위해서는

일정 기간 꾸준히 연습하는 과정이 필요하다.

제 3 부

마인드매퍼가 되는 길

HOW TO BE A MIND MAPPER

1. 자기 치유의 마인드맵

나로 시작하는 마인드맵

40년 넘게 살아오면서 내 의식은 한 번도 내 몸을 떠난 적이 없었다. 하지만 그 의식이 나에 대해 깊이 생각해본 적은 없었다. 내가 무엇을 좋아하는지, 무엇을 하고 싶은지, 잘하는 것은 무엇이고 못하는 것은 무엇인지, 어떤 상황에서 어떤 감정을 느끼는지, 힘들었던 기억이 왜 나를 그토록 괴롭게 하는지 외면하며 살아왔다. 그저 앞만 보고 달려왔을 뿐이다. 잘못된 일은 남 탓으로 돌리고, 잘 해낸 일도 스스로 자랑스럽게 받아들이지 못했다.

이제는 내가 받아들이지 않는 내 모습으로는 앞으로 나아갈 수 없다는 것을 깨달았다. 지금의 나에게서 한 발자국씩 나아가는 게 현실이며, 그런 현실을 받아들이기 위해 나는 마인드맵을 활용하여 나를 이해하고 받아들이는 작업을 시작하기로 했다.

내 마인드맵의 시작은 책이었다. 엉성하게 몇 장 그린 독서 마인드맵은 볼품없었지만, 책의 내용이 내 안에서 정리되고 소화되는 것을 느끼게 해주었다. 떠오르는 키워드를 상위와 하위로 나누어 그려낸 마인드맵은 비록 엉성하더라도 머릿속에 사진처럼 남아 있었다. 마인드맵을 통해 책의 핵심을 시각적으로 정리하면서, 책의 내용이 더 깔끔하게 정리되었다. 이런 경험은 자연스럽게 내 생각을 정리하는 과정으로 이어졌다. 종이에 중심 이미지를 그리고 그 안에 '나'라고 적기 시작했다.

'나'라는 주제로 마인드맵을 그리기 시작하자 주제가 끝없이 만들어졌다. 더 이상 새로운 생각이 나지 않을 거라고 생각했는데도 다시 같은 주제로 마인드맵이 그려졌다. 어제의 나와 오늘의 나는 하루만큼 성장하며 변화했기 때문에 결코 같은 사람이 아니었고, 따라서 다른 마인드맵이 그려졌다. 나는 지금의 나와 10대, 20대의 나를 비교해보았고, 어린 시절의 나에게 해주고 싶은 말을 써보는 시간을 가졌다. 내가 좋아하는 것들과 내게 찾아온 행운들을 적어보았다. 또 나의 장단점과 스스로 듣고 싶은 말을 적으며 나를 깊이 들여다보았다.

한 해를 마무리하며 나 자신을 돌아보는 시간도 가졌고, 다가올 한 해에 대한 기대도 마인드맵에 적어보았다. 매달 구체적인 계획을 세우는 것도 잊지 않았다. 과거, 현재, 미래의 나를 돌아보는 이 과정에서 현재의 조급함은 줄어들었고, 과거의 나에게는 조금 더 너그러워졌다. 나를 들여다볼 수 있는 주제는 끝없이 많았다. 지금 내가 하는 고민도 결국 내 마음을 헤아리는 작업에서 비롯된 것이다. 이것은 자기 계발의 시작이자, 스스로를 사랑하는 첫걸음이다.

마인드맵은 나와의 대화였다. 어린 시절의 나에게 말을 걸어보며 그때의 상처를 위로하고, 현재의 나에게는 더 나은 내일을 약속하며 용기를 주었다. 나의 장점들을 적으며 스스로를 칭찬하고, 단점들을 적으며 그것을 고치기 위한 작은 계획도 세웠다. 마인드맵은 내 머릿속에서만 맴돌던 생각들을 눈앞에 펼쳐줌으로써, 나를 객관적으로 볼 수 있는 기회를 제공했다.

마인드맵을 통해 나를 이해하는 과정에서 나는 과거의 실수에 대해서도 너그러워질 수 있었다. 이전에는 잘못된 선택과 실수를 생각하며 자책했다면, 이제는 그것들이 나를 성장시킨 경험임을 깨달았다. 마인드맵을 그리면서 과거의 나와 현재의 나, 미래의 나를 하나로 연결 지을 수 있었다. 지금의 내가 있기까지 걸어온 길을 시각적으로 확인하면서, 나는 나 자신에게 조금 더 자랑스러워졌다.

마인드맵은 또한 감정적으로 힘든 순간을 이겨낼 수 있는 도구가 되었다. 부정적인 생각이 밀려올 때마다 마인드맵을 그리며 내 감정을 시각화했다. 나를 괴롭히는 감정의 원인을 찾고, 그 감정을 어떻게 해결할지 구체적으로 정리했다. 감정을 마인드맵으로 풀어내면서 나는 더 이상 감정에 압도당하지 않고 이해하고 다스릴 수 있게 되었다.

이제 나는 마인드맵이 단순히 생각을 정리하는 도구가 아니라

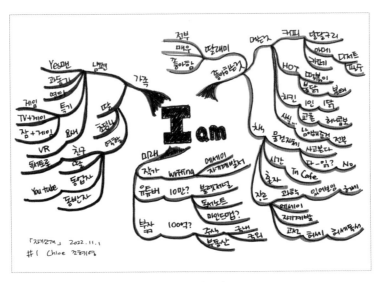

여기 지금 바로 나

나 자신을 이해하고 성장시키는 큰 동력이 된다는 것을 확신한다. 나는 마인드맵을 통해 나를 받아들이고, 내 삶을 더욱 긍정적으로 변화시킬 수 있었다. 나를 바꾸는 것은 생각이고, 그 생각을 구체화하는 과정이 바로 마인드맵이었다. 마인드맵을 그리면서 더 나은 내가 되기 위한 작은 변화를 시작할 수 있었다.

결국 해결의 시작은 나 자신이었다. 마인드맵을 통해 나를 들여다보고, 나를 이해하고, 나의 가능성을 믿으면서 나는 조금씩 변화하고 성장하고 있다. 이 과정은 쉽지 않았지만 매 순간 나를 더 나은 방향으로 이끌어주었다. 나 자신을 받아들이고 사랑하는 일, 그것이야말로 나의 진정한 변화의 첫걸음이었다.

생각 정리의 기술 실천편

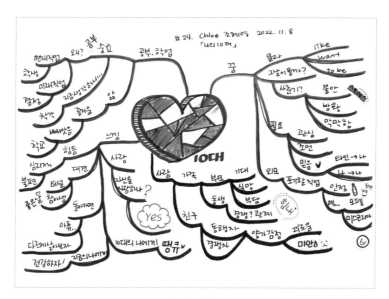

10대의 나

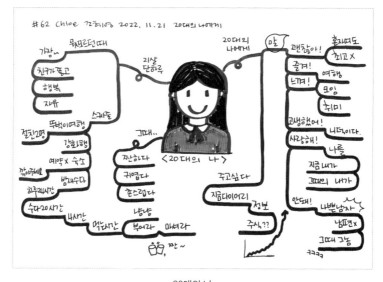

20대의 나

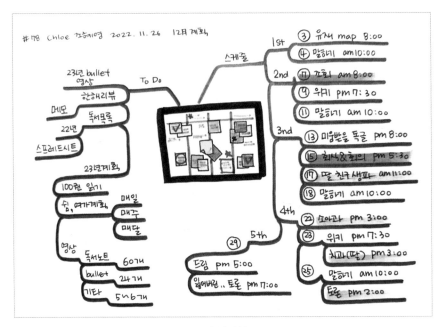

12월의 계획

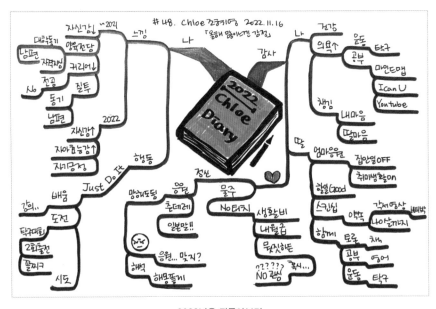

2022년을 되돌아보며

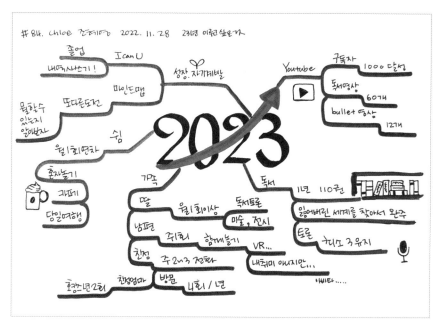

2023년에 이루고 싶은 것

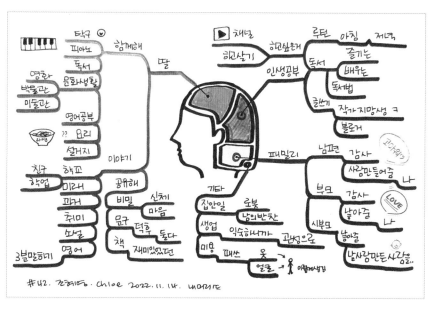

내 머릿속

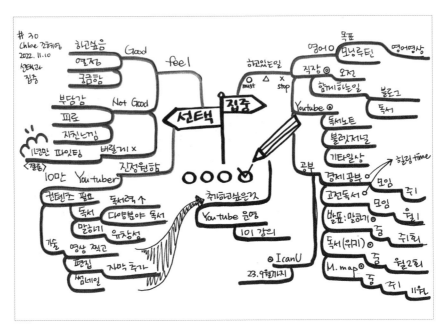

선택과 집중

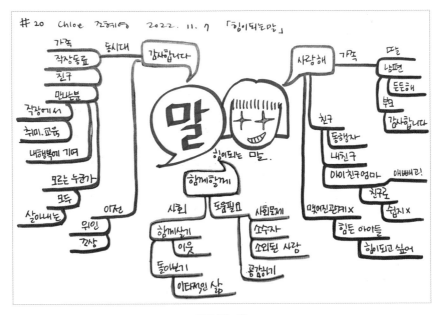

힘이 되는 말

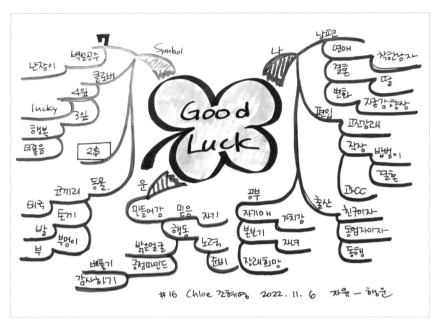

나의 행운

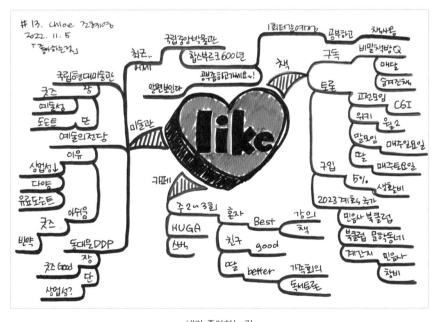

내가 좋아하는 것

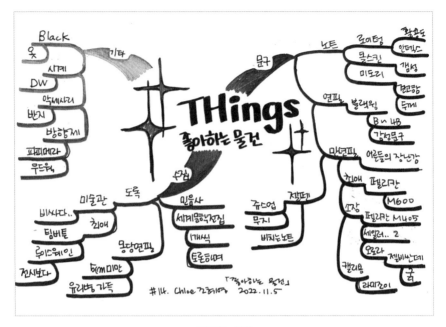

좋아하는 물건

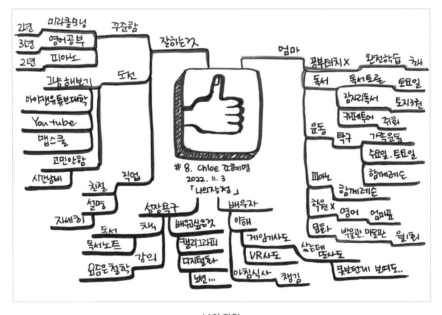

나의 장점

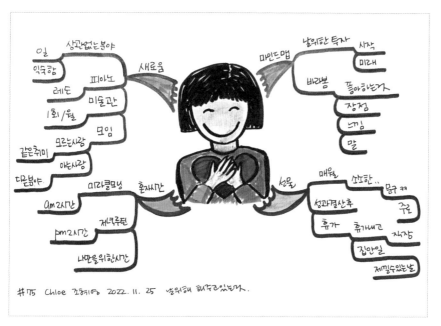

날 위해 해주고 있는 것

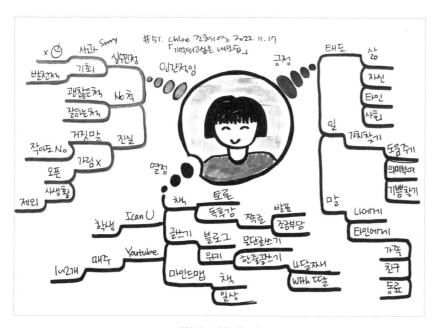

기억되고 싶은 내 모습

나를 알아가는 마인드맵

나는 진짜 나를 제대로 알고 있을까? 나를 역할로 나누어 생각해 보았다. 나는 엄마이고 직장인이며 딸이자 '나'였다. 나의 여러 가지 역할을 떠올리며 현재의 나와 내가 바라는 모습을 키워드로 정리해나갔다. 엄마로서의 나는, 내가 부모님에게 받았던 사랑과는 다른 방식으로 딸과의 관계를 만들어가고 싶었다. 딸과의 관계에서 내가 바라는 모습, 교육관, 함께하고 싶은 일들을 키워드로 정리하면서 과거의 내 모습과 현재, 앞으로 나아갈 방향을 그렸다. 이 과정에서 내 잘못된 행동과 그 이면에 숨겨진 이중적인 태도도 발견했다. 또 딸과 단둘이 여행하고 싶다는 내 진심도 알게 되었다.

직장인으로서의 나를 그려보면서는, 적당히 일하고 월급을 받으며 만족했던 지금까지의 나와 내가 처음에 꿈꿨던 이상적인 의사의 모습을 비교했다. 내가 할 수 있는 것과 하고 싶은 것을 정리하다 보니 앞으로 나아가야 할 방향과 준비해야 할 것들이 뚜렷해졌다. 나는 병원에서 대체할 수 있는 존재감 없는 의사로, 자존감이 낮은 문진 의사로 현재의 나를 평가했다. 하지만 마인드맵을 그리면서 대중의 눈높이에 맞춘 정보를 제공하고, 건강에 대한 이해를 돕는 의사가 되고자 결심할 수 있었다. 이를 위해 필요한 계획과 실행의 중요성도 깨달았다.

딸로서의 나를 그리면서는, 부모님께 감사했던 기억과 가족과 함께했던 행복한 추억들을 정리했다. 힘들고 슬펐던 기억들도 추가했다. 왜 그런 감정을 느꼈는지, 그 감정을 해결하기 위해 어떤 행동

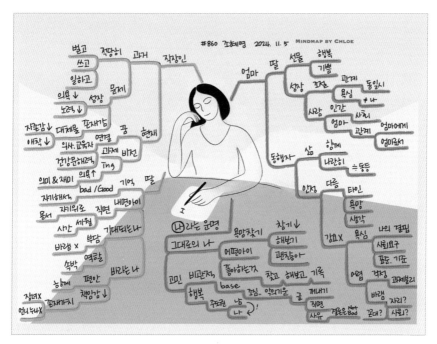

나를 알아가는 마인드맵

을 했는지를 생각하며 정리했다. 부모님과의 관계에서 과거와 현재의 모습, 내가 바라는 미래의 모습을 구체적으로 그리면서, 생각만으로 혼자 했던 오해들이나 어쩔 수 없었던 상황들이 조금 더 객관적으로 보였다.

　마지막으로 '나' 자신을 주제로 마인드맵을 그렸다. 나는 어떤 운명으로 태어났는지, 벗어날 수 없는 것과 바꿀 수 있는 것은 무엇인지 고민했다. 내가 좋아하는 것과 싫어하는 것, 어린 시절에 나는 어떤 아이였는지도 적어나갔다. 가지는 점점 더 펼쳐졌고, 지면이 부족할 정도로 생각이 확장되었다.

이 한 장의 마인드맵이 모든 생각을 정리해준 것은 아니었다. 하지만 마인드맵을 그리면서 딸과의 관계, 직장인으로서의 나, 부모님과의 관계, 그리고 나에 대한 여러 장을 덧붙여나갔다. 한 장은 또 다른 장을 불러왔고, 더 많은 생각을 정리하도록 이끌었다. 마음이 복잡할 때마다 중심에 주제를 놓고 가지를 그렸다. 생각이 날아갈까 봐 동그라미 하나를 그리고 그 생각을 이어나갔다. 나라는 주제를 반복해서 그렸는데, 같은 주제인데도 매번 새로운 마인드맵이 나왔다. 이 과정을 통해 정리되지 않은 마음들이 구체화되었고, 막연했던 감정들이 명확해졌다. 불안감과 불쾌감은 점차 고칠 수 있는 문제로 바뀌어갔다.

물론 마인드맵 몇 십 장을 그린다고 해서 내 삶이 완벽하게 정리되지는 않았다. 그러나 마인드맵을 통해 생각을 정리하려는 시도 자체가 나를 더 깊이 들여다보는 기회를 만들어주었다. 그 과정에서 얻은 결론이 비록 완벽하지 않더라도, 그것은 나를 더 나은 방향으로 이끄는 노력의 출발점이 되었다.

삶을 정리하는 마인드맵

마인드맵을 시작하면서 나를 찾는 마인드맵을 50장 정도 그렸다. 그 과정에서 새로운 마음이 생기고, 하고 싶은 일들도 생겨났다. 도전하는 일상의 시작이었다. 시작은 언제나 설렘과 의지로 가득했지

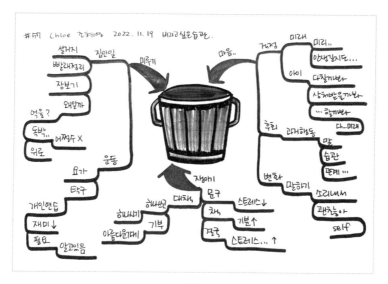

나 1

만 문제는 '지속'이었다. 부정적이고 회의적인 생각이 들 때마다 '나'라는 주제로 다시 마인드맵을 그렸다. 부정적인 마음을 따라 나의 단점, 나쁜 습관, 내 안의 어두운 면들을 주제로 마인드맵을 그리기도 했다. 아무것도 하고 싶지 않을 때 마인드맵을 그리는 건 결코 쉬운 일이 아니었지만, 한두 번만 그려보면 알 수 있었다. 마인드맵의 가지 끝까지 가보면 결론은 나를 나락으로 떨어뜨리지 않았다. 그 속에는 나의 열정과 지금 상태에 대한 실망이 있었다. 그리고 부정적인 생각만 하고 있으면 좋을 게 없다는 것을 나는 이미 알고 있었다. 결국 내가 할 수 있는 일을 하는 것이 답이었다.

때로는 권태와 자기 계발에 대한 무력감이 찾아왔다. 성장도 보

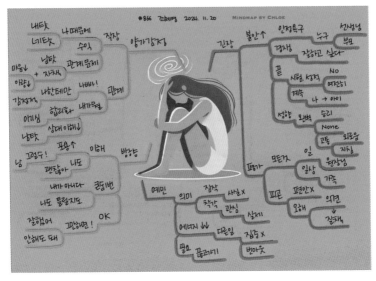

나 2

이지 않는데 열심히만 사는 것 같았다. 수많은 자기 계발서에서 보여주는 성공은 그들의 것일 뿐, 나에게는 오지 않을 것처럼 느껴졌다. 그럴 때면 다시 '내 인생'이라는 마인드맵을 그리며 마음을 다잡았다(《나 3》). 단기간에 결과를 낼 수 없다는 것을 알고 있었지만, 답답함과 책임감이 나를 조급하게 만들었다. 조급함은 하루를 분주하게 만들었고, 분주함은 다시 나를 지치게 했다. 내가 무엇을 원하는지, 무엇이 중요한지 깊이 생각하지 못하게 만들었다. 그러면 그럴수록 조급함에 이것저것 시작하며 받아들이려고 했다.

시간과 에너지는 분산되고 쪼개졌다. 여러 일을 하면서도 어느 것 하나 제대로 해내지 못했다. 삶의 방향이 명확하지 않을 때 누

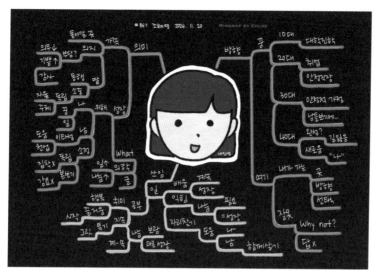

나 3

구나 빠지기 쉬운 함정에 깊이 빠진 것이다. 나는 뭐든 잘하고 싶었지만, 모든 것을 잘할 수는 없었다. 내 삶에서 무엇이 중요한지 분명히 해야 하는 동시에 우선순위를 정해야 했다. 우선순위는 하루아침에 생기는 것이 아니다. 나는 '하는 일'과 '나의 바람'을 주제로 주기적으로 마인드맵을 그렸다. 하는 일을 마인드맵에 정리한 후 나의 바람에 맞춰 지워보기도 했고, 꿈을 이루기 위해 할 일들을 나열해보기도 했다. 그렇게 나의 목표와 현재의 일들이 맞아떨어지는지 매칭시켜보았다.

꿈을 향해 성장하려면 먼저 내 일상을 돌아봐야 하는데, 나의 꿈이 일정하지 않다는 것이 큰 문제였다. 오랫동안 숙고하지 않은 꿈은, 현재 내가 가지지 못한 것들에 대한 미련으로만 나타났다. 나의 직업은 부모와 사회가 원하는 것이었고, 나는 단지 사회적 인식과 타인의 기대에 맞춰 그 자리에 있다고 생각했다. 이런 생각이 들수록 현재 직업에 대한 부정적인 감정이 커졌고, 꿈을 더 멀리에서 찾으려 했다. 그때 찾은 꿈이 작가였다. 하지만 명확하지 않은 꿈은 쉽게 바뀌었다. 에세이 작가에서 소설가로, 다시 칼럼니스트로, 초등학생의 꿈처럼 나의 꿈도 계속해서 바뀌었다.

경험이 부족하기 때문이었다. 지금까지 공부에만 몰두했고 다른 방향으로 눈을 돌린 적이 없었다. 꿈이 바뀔 때마다 시도와 공부, 노력의 방향도 달라졌다. 다른 꿈들은 이전 꿈을 시간 낭비로 만드는 것 같았다. 마음을 다잡고 다시 시작하기 위해 무언가 해야 했다. 이때 나를 돌아보기 위해 마인드맵을 그렸다.

현재 하는 '하는 일'을 돌아봐야 하는 이유가 있다. 일은 직업일 수도, 꿈을 이루어가는 방법일 수도 있다. 이전의 나는 자기 계발서를 보며 다른 사람들이 성공한, 나와 맞지 않는 방법을 그대로 따랐다. 이런 일들은 내 일상에 계속 들어왔고, 중심을 잃게 했다. 자기 계발서의 작가들은 각기 다른 방법으로 성공했다. 참고하고 시도할 수는 있지만, 결국 나에게 맞는 길을 찾아야 했다. 이것이 내가 진정 원하는 길인지, 마인드맵을 그리며 반복해서 나 자신에게 물었다.

이 세상에는 좋은 습관과 좋은 공부법이 많다. 이런 것들을 꿈과 연결하기 위해 여러 방법으로 노력할 수 있다. 하지만 우리에게 주어진 시간과 에너지는 한정적이다. 시를 필사하고, 매일 사전에서 단어를 찾고, 칼럼을 분석하는 일은 작가가 되는 데 도움이 되는

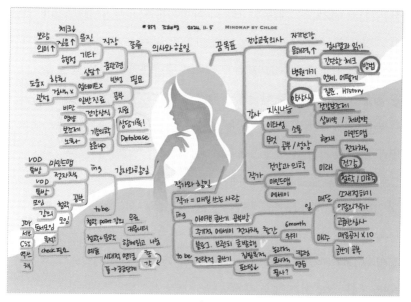

나 4

좋은 습관이지만, 나는 직장을 다니고 엄마로서 해야 할 역할이 있어서 매일 짧은 글 한 편을 쓸 시간을 내기가 힘들었다. 글을 쓸 시간이 없는 사람이 작가가 되고 싶어서 하는 일은 중심을 잃은 자기계발이었다.

흐르는 시간과 함께 주기적, 지속적으로 나를 알아가는 마인드맵이 쌓이면서 내 꿈에 대한 생각이 정리되어갔다. 반항심에서 시작된 직업에 대한 거부감도 점점 긍정적인 태도로 바뀌었다. 현재 직업에서도 내가 잘할 수 있는 것을 발견했고, 나의 바람과 조화를 이루게 되었다. 내가 좋아하는 것은 지식을 나누는 것이었다. 비록 전문가는 아니지만, 건강에 대한 기본 지식을 나누는 역할도 의미 있는 일이라는 생각이 들었다. 현재 하는 문진처럼, 직접 진료를 통해 사람들과 소통할 수도 있고, 글이나 매체를 통해 지식을 나눌 수도 있음을 깨달았다. 몇 년 동안의 마인드맵 작업은 마치 흩어져 있던 별자리를 하나의 궤도로 모으는 역할을 했다.

불안을 잠재우는 마인드맵

성인이 되면 공부할 일이 없을 줄 알았다. 하지만 자기 계발의 세계에 들어와 보니, 하고 싶은 공부도 많고 기본적으로 쌓아야 할 능력들도 많았다. 나는 읽고 쓰고 말하는 기본적인 능력이 부족하다고 느꼈다. 30년 동안 공부만 했다고 생각했지만, 그 공부는 단지 시험을 위한 것이었다. 물론 시험을 준비하면서 인내심을 키우고, 하루 아침에 성과를 얻을 수 없다는 것, 지속적인 반복만이 결과를 만들어준다는 것을 배웠다. '모두, 전부'를 알아야 한다는 완벽주의는 결국 원하는 결과에 도달할 수 없다는 사실도 깨달았다.

그러나 읽고 요약하고 자신의 것으로 만들어 표현하는 능력을 익히는 것은 지금까지의 인내와는 다른 참을성이 필요했다. 지금까지 했던 공부가 별로 도움이 되지 않는 것처럼 느껴졌다. 독서 모임을 시작했더니 함께 책을 읽는 사람들은 이미 나보다 훨씬 앞서 있었다. 아무리 노력해도 따라잡을 수 없을 것 같았다. 마음이 조급해졌고, 지금까지 나는 뭘 하고 있었나 하는 자괴감이 들었다. 부정적인 감정은 현재 내가 할 수 있는 일까지 방해했다. 나는 또다시 친구가 아니라 경쟁자를 만들고 있었다. 입으로는 진정한 경쟁은 '어제의 나와 오늘의 나'라고 말하면서, 실제로는 여전히 다른 사람들과 나를 비교했다. 비교는 항상 비참함으로 끝났다. 늘 내가 잘한 부분보다 다른 사람의 탁월함이 눈에 들어왔다.

결과물을 마인드맵으로 만들기 시작한 이유 중에는, 다른 사람과 비교하는 일에서 벗어나고 싶은 마음도 있었다. 나보다 나은 결과물을 내는 사람과 비교되지 않기 위해, 다른 사람들이 잘 사용하지 않는 마인드맵이라는 도구를 이용했다. 발표 자료, 책 요약, 토론 진행까지 모두 마인드맵으로 정리했다. 그렇게 해보니 여러 가지 장점이 있었다. 마인드맵은 한 장으로 전체 내용을 요약할 수 있었고, 익숙해지면서 만드는 시간도 절약되었다. 모임 중에도 텍스트가 가득한 자료를 보여주는 경우보다 팀원들의 집중을 끌어낼 수 있었다. 의도한 것은 아니었지만 마인드맵 덕분에 나의 발표와 말하기 실력도 자연스럽게 향상되었다.

마인드맵이 쌓이면서 나의 마음도 조금씩 단단해졌다. 어느덧 책을 읽고 강의를 듣고 그린 마인드맵이 1,000장이 되었다. 쌓인 결과물은 때때로 찾아오는 불안을 해소하는 데 큰 도움이 되었다. "나는 지금 잘하고 있는가?"라는 질문에 스스로 답을 찾을 수 있었다. 적어도 쌓여 있는 마인드맵이 증거가 되어주었다. 가끔은 지식을 다시 확인하기 위해서가 아니라 불안을 잠재우기 위해 마인드맵을 꺼내보기도 했다. 이렇게 마인드맵을 그리며 생각하고, 다시 되돌아보는 과정이 나를 성장시키고 있었다.

결과물을 확인하는 것만큼 계획을 세우는 것도 불안을 잠재우는 데 도움이 되었다. 나는 매달 말일에 마인드맵으로 다음 달의 계획을 세웠다. 계획을 세우고 성찰하는 방법이 마인드맵만 있는 것은 아니지만, 마인드맵은 생각을 자연스럽게 확장해주고 명확하게 정리해주는 도구가 되었다. 계획은 꿈을 향한 로드맵과 같다. 꿈에 도달하는 데 필요한 능력을 갖추는 것이 한 해의 목표가 되고, 그 목표를 위해 매달의 작은 과제가 설정된다. 꿈에 해당하는 목표가

불안을 잠재우는 마인드맵

생각 정리의 기술 실천편

중심 가지가 되고, 그 아래에 필요한 능력과 과제들이 나열된다.

나의 꿈은 작가이자 상담하고 교육하는 의사다. 나는 원가족에서 독립하고, 딸도 주체적인 삶을 살 수 있도록 서서히 독립시키고 싶다. 또한 세계시민으로 다양한 문화를 경험하며 내 안의 편견을 깨고 싶다. 이를 위해 '직업'이라는 중심 가지 아래 작가와 의사를 설정하고, '가족'이라는 중심 가지 아래 딸, 부모, 배우자 등 관계를 설정했다. 그리고 각각의 가지에 이번 달에 해야 할 작은 과제들을 적어나갔다. '세계 속의 나'라는 목표도 중심 가지로 두고, 그것을 어떻게 구체화할지 고민했다.

꿈이 막연하다면 구체화해보는 것이 도움이 된다. 세계시민이라고 생각하면 막연하고 떠오르지 않는다. 나는 세계시민을 '다양한 문화에 대해 개방적인 사고를 하고, 세계의 이슈에 관심을 가지며, 편견을 깨나가는 것'으로 정의했다. 이런 목표를 실현하는 데 필요한 능력들을 나열하고, 일상적인 영어 실력 향상, 주기적인 자유여행, 다양한 문화를 경험하는 책 읽기 등을 포함했다. 매달 관련 서적을 한두 권 읽고 다양한 관점을 접하면 세계시민으로 성장해나갈 수 있다고 믿는다. 막연한 주제를 구체화하고 쪼개서 과제를 설정하는 방법을 마인드맵으로 확장했다.

일상에 치여서 살다 보면 꿈은 뒷전으로 밀리기 쉽다. 종이에 '0월'이라고 적고 내가 하고 싶은 것과 되고 싶은 것을 그리며 구체적인 할 일을 적어보자. 처음에는 어색하고 엉성할지 모르지만, 반복하다 보면 점점 나아진다. 한 달에 책 한 권을 다 읽지 못하더라도 시작하면 변화가 일어난다. 계획을 세우고 그 계획을 일주일에 몇 번이

월간 계획 마인드맵 1

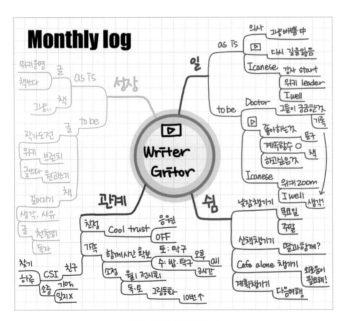

월간 계획 마인드맵 2

생각 정리의 기술 실천편

라도 되돌아본다면 조금씩 앞으로 나아갈 수 있다. 이건 진짜다.

이렇게 세운 계획 마인드맵은 나의 성장을 증명하는 증거가 된다. 꿈을 이루기 위해 노력하는 과정에서 쌓인 실패와 성취의 흔적들이 나를 작가의 길로 이끌어주었다. 세상에는 언제나 나보다 앞서 달리는 사람들이 있다. 그들을 따라잡기보다는 나 자신의 한 걸음 한 걸음을 지지하고 나아가는 것이 중요하다. 매달 그려지는 계획 마인드맵과 쌓여가는 독서 마인드맵은 나의 성장의 증거가 된다. 지치고 느려진다고 느낄 때마다 한 걸음씩 걸어가는 자신을 칭찬하며 계속 나아가자.

일을 가치 있게 만드는 마인드맵

생각을 가장 쉽게 정리하는 방법은 기록하는 것이다. 기록학 전문가인 김익한은 『거인의 노트』에서 머릿속에 떠다니는 생각을 명시화하는 방법으로 기록을 권한다. 그에 의하면 기록은 생각을 하기 위한 방법이다. 이따금 중요한 키워드가 떠오르지만 우리의 집중력은 생각보다 오래 유지되지 않는다. 머릿속에서는 여러 가지 생각이 뒤섞여 혼란스러워지기 쉽다. 중요한 생각을 하려고 해도 장을 봐야 할 품목이나 집안일, 저녁 메뉴 같은 일상적인 생각들이 끼어들어 중요한 주제를 잊게 만든다.

쓰는 것은 이러한 혼란을 정리하고 생각을 주제에 집중시키는 가장 쉬운 방법이다. 잠시 다른 길로 빠지더라도 다시 원래의 흐름으로 돌아오는 데 큰 도움이 된다. 특히 이미지와 함께하는 마인드맵은 이러한 회귀를 더 빠르게 도와준다. 마인드맵으로 정리된 생각은 이미지와 키워드가 하나의 그림처럼 떠오르며, 중심 이미지를 통해 다시 한번 생각을 되돌릴 수 있다. 그래서 마인드맵을 사용하면 다른 방식의 기록보다 생각을 끝까지 유지하고 정리하는 것이 더 쉽다.

마인드맵은 또한 직장 생활의 균형을 되찾는 데 큰 도움이 되었다. 직업은 대개 반복적이다. 내가 하는 건강검진 문진 의사라는 일은 아주 짧은 주기로 반복된다. 하루에도 수십 번 같은 질문을 받고 같은 상담을 하다 보면 쉽게 권태로워질 수 있다. "이렇게 반복되는 일을 하려고 열심히 공부했나?"라는 생각이 들 때마다 현실에 대한 실망감과 미래에 대한 막연한 불안함이 몰려온다. 이런 상황은 일에 대한 의미를 찾기 어렵게 만들고, 그저 생계를 위해서만 일하는 듯한 느낌을 준다. 결국 일에 대한 열정과 성장이 멈추게 된다.

건강검진 문진의로서의 나는 성장이 멈춘 것 같은 느낌을 받았다. 반복되는 상담은 내 일의 가치를 잃게 했고, 누구나 할 수 있는 일을 단지 면허 덕분에 하고 있다고까지 낮추어 생각하게 했다. 나 자신이 대체할 수 있는 부품처럼 느껴졌다. 스스로 만든 잘못된 환상이었다.

'나'라는 주제로 마인드맵을 그리면서 '하고 싶은 일', 즉 꿈과 직업에 대한 마인드맵을 여러 번 그렸다. 처음에는 직업에 대한 주제가 부모와 사회에 대한 원망으로 가득했고, 의사라는 직업을 벗어나고 싶다는 마음이 강했다. 그러나 반복해서 그리는 중에 의사 면

허를 포기하고도 내가 살 수 있을지, 후회하지 않을지에 대한 질문을 던지게 되었다. 이것은 내 삶의 중요한 질문이었고, 그 답을 찾기 위해 많은 고민이 필요했다.

마인드맵을 통해 나는 나의 진정한 생각을 깊이 들여다보게 되었다. '정말로 단지 돈을 벌기 위해, 아니면 누군가의 강요로 이 일을 하는 것일까?', '지금 받는 월급만큼의 돈을 준다면 이 일을 하지 않아도 괜찮을까?' 하는 질문은 나 자신을 더 깊이 탐구하도록 이끌었다. 중심 이미지와 그로부터 뻗어나가는 가지들이 나의 내면을 계속해서 파헤쳤다.

특히 '하고 싶은 일'을 주제로 마인드맵을 그리면서, 의사로서의 나의 역할에 대해 다시 생각하게 되었다. '의사'라는 중심 가지 아래 '교육하다', '돕다', '듣다', '공감하다' 같은 동사를 적고, 그 아래에 내가 실제로 할 수 있는 일과 하고 싶은 일, 추가로 도전해보고 싶은 일을 정리했다. 그렇게 마인드맵을 그려나가면서 내가 바라는 의사의 모습이 점점 명확해졌다. 내가 바라던, 내가 원하는 직업으로서의 의사는 건강 문해력을 높여줌으로써 사람들에게 진정으로 도움이 되는 의사였다.

이러한 마인드맵 작업은 단순히 예쁘게 그려놓고 보관하는 것이 목적이 아니었다. 생각의 결과물을 구체화하고, 그중 불필요한 항목을 제거하여 더 중요한 것을 찾는 도구로 활용되었다. 이 과정을 통해 내 직업에 대한 인식도 변화했다. 반복적인 상담이라도 일부 환자들에게는 내가 진정으로 중요한 도움을 줄 수 있다는 사실을 깨달았다.

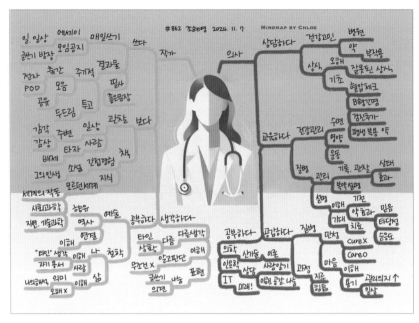

일을 가치 있게 만드는 마인드맵

　　이러한 변화는 나의 행동과 삶의 태도에도 큰 변화를 가져왔다. 같은 일을 반복하면서도 내 직업에 대한 긍정적인 인식이 생겼고, 이는 다시 전문 분야 공부로 이어졌다. 이따금 진심으로 감사하는 환자를 만날 때마다 나는 내 일에 자부심을 느끼게 되었다. 6개월에 한 번씩 직업과 하고 싶은 일에 대해 마인드맵을 그리며 나 자신을 변화시키기 위해 노력하고 있다. 나를 바꾸는 것은 행동이며, 그 행동은 생각에서 비롯된다. 마인드맵은 내 생각을 정리하고 발전시키는 중요한 도구다.

2. 마인드매퍼의 실전

마인드맵 그리기의 팁

마인드매퍼란 마인드맵을 그리는 사람이다. 아름답게 그리기는 마인드매퍼의 조건이 아니다. 마인드매퍼는 마인드맵으로 생각하는 사람이다. 마인드맵을 그리지 않더라도 같은 방법으로 분류하고 확장할 수 있게 된다. 책을 읽을 때도 자연스럽게 중심 키워드를 찾아내는 습관이 생긴다. 이런 능력을 키우기 위해서는 일정 기간 꾸준히 연습하는 과정이 필요하다. 나는 지금까지 1,000장의 마인드맵을 그리며 나만의 노하우를 쌓아왔다.

1) 따라 그리기

어떤 일이든 모방에서 시작된다. 그 일을 잘 해내는 방법 역시 모방을 통해 익숙해진 다음 자기만의 스타일을 찾는 것이다. 마인드맵도 같다. 나는 현재 마인드맵 온라인 강의를 개설하여 운영하고 있다. 간혹 마인드맵을 따라 그리기를 추천하면 '내 생각을 정리하려고 그리는 건데 왜 남의 마인드맵을 똑같이 따라 그리라는 거지?' 하며 내켜 하지 않는 분들이 있다. 하지만 결론적으로 보면 이 방법이 정말 효과적이었다.

처음 마인드맵을 그릴 때 만나는 몇 가지 어려움이 있다. 첫 번째는 가지의 모양이다. 머릿속으로는 멋지게 그려질 것 같은데 실제로 그려보면 생각처럼 가지가 잘 뻗어나가지 않는다. 두 번째는 공간 활용이다. 가지가 뻗어나가도, 종이 위에 공간이 한쪽으로 몰리거나 불균형하게 비워지기 일쑤다. 세 번째는 키워드 선택이다. 내가 선택한 키워드가 맞는지 늘 의심스럽다. 그리고 그 답을 확인하기 어렵다.

이럴 때는 잘 그려진 마인드맵을 5~10장 정도 따라 그려보는 것이 좋다. 가지의 모양, 공간 활용, 키워드 선택까지 모두 경험해볼 수 있다. 내가 그리고 싶은 스타일의 마인드맵을 찾아서 따라 그리거나 다양한 스타일을 시도해보는 것도 좋다. 다른 모양의 가지를 여러 번 그려보면서 자신에게 맞는 스타일을 찾을 수 있게 된다. 가지가 뻗어나가는 방향과 공간 활용도 자연스럽게 익혀진다. 키워드 선택도 따라 쓰면서 원리를 이해할 수 있다. 좀 더 효과적으로 따라 그리는 방법은 '이렇게 그리는구나', '이렇게 쓰는구나', '이렇게 공간을 활용하는구나' 하고 계속 생각하는 것이다.

여러 장을 따라 그리다 보면 점점 자신만의 마인드맵을 그리고 싶어진다. 그때는 시도해보고 잘 안 되면 다시 따라 그려보면 된다. 또는 잘 그려진 마인드맵의 가지는 따라 그리고, 키워드는 자신만의 것으로 바꿔보는 것도 좋은 방법이다. 빠르게 적응하고 자신만의 스타일을 찾을 수도 있다. 지금도 나는 가끔 다른 사람의 마인드맵을 따라 그린다. 주로 특이한 가지 활용을 봤을 때 그려보며 배우려고 노력한다.

생각 정리의 기술 실천편

2) 플러스 하나

매일 같은 형식의 강의 마인드맵을 그리다 보면 어느 순간 지루함이나 무의미함이 찾아오기도 한다. 짧은 동영상 강의를 마인드맵으로 정리한 것이 400장이 넘었을 때, '내가 이걸 왜 하고 있지?' 하는 생각이 들었다.

이런 경우가 아니더라도 매너리즘이 찾아올 때 '하나 더'를 시도해보는 것을 추천한다. 다 그린 마인드맵에 키워드를 하나 더 추가하거나 작은 이미지를 하나 더 그려보는 것이다. 평소와 다른 모양의 가지를 그려보는 것도 좋다. 기존의 마인드맵에 변화를 주는 작은 요소를 하나 추가해보는 것이다. 주제를 한 줄로 요약해서 아래에 적어보거나 특별한 기호를 추가하는 것도 도움이 된다.

3) 넘버링

내가 그린 마인드맵이 1,000장이 되기까지 가장 결정적인 역할을 한 것은 '넘버링'이었다. 처음 그린 100장의 마인드맵에는 넘버링이 없었다. 그저 종이가 쌓여갈 뿐, 내가 얼마나 성장했는지 느끼기가 어려웠다. 그런데 마인드맵에 번호를 붙이고 이름과 날짜를 기록하면서 새로운 동기부여가 생겼다. #1에서 시작해 #100을 찍는 순간의 성취감은 정말 대단했다. 이제는 #2,000을 보고 달린다.

넘버링은 매우 단순한 작업이다. 완성한 마인드맵에 번호를 붙이는 것뿐이다. 그런데 그 작은 변화가 큰 차이를 만들었다. 넘버링을 하면 주기적으로 성찰할 때 유용하다. 주간, 월간, 연말에 성찰할 때 넘버링을 통해 내가 얼마나 많은 마인드맵을 그렸는지 쉽게

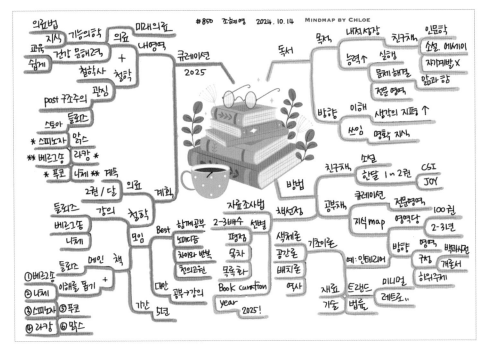

팁1

확인할 수 있다. 이를 통해 스스로를 칭찬하고 다음 목표를 설정하는 데 큰 도움이 된다.

넘버링은 시간이 10초도 걸리지 않지만, 계속 마인드맵을 그리게 하는 강력한 동기가 되었다. "100장까지만 그려보자", "500장까지만 그려보자" 하는 식으로 목표를 세우면, 넘버링이 마인드맵을 포기하지 않도록 돕는다. 넘버링은 마인드맵퍼가 되는 가장 쉬운 방법이다.

생각 정리의 기술 실천편

4) 분량과 마인드맵

　　마인드맵은 주제나 정보의 양에 따라 키워드 분량이 달라진다. 여러 장에 나누어 그릴 수도 있고, 전체를 한 장에 요약할 수도 있다. 마인드맵이 얼마나 균형 있게 종이에 퍼져 있느냐는 기술의 문제다.

　　마인드매퍼로 지내다 보면 내용은 적지만 마인드맵으로 정리하고 싶은 주제가 생긴다. 기본적으로 마인드맵은 '쓴다'라고 표현하지 않고 '그린다'라고 표현한다. 가능하면 전체적인 조화를 이룰 수 있게 공간을 넓게 쓰면서 어색하지 않게 그려낼 필요가 있다. 이때 중심 이미지의 크기와 위치를 분량에 맞게 조절하는 방법이 있

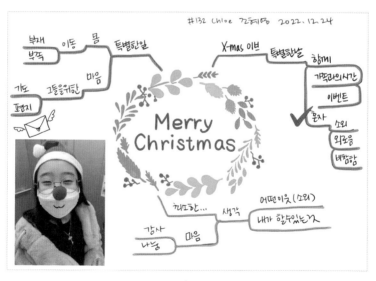

팁 2

다. 내용이 적을 때 마인드맵의 한가운데 위치하는 중심 이미지는 비교적 크게 그리고, 키워드와 가지가 뻗어나가는 모양도 가능하면 가장자리까지 차게 퍼지게 그려준다(《팁 2》). 가장자리까지 채워 한 장으로 만드는 게 핵심이다. 지나치지 않게 적당히 가지 사이의 간격도 벌려주는 게 조화롭다.

　반대로 내용이 많을 때는 중심 이미지를 작게 그리면서 위쪽에 배치하는 것이 좋다. 글을 가로로 쓰기 때문에 이미지의 위쪽은 키워드를 쓰고 활용하기 어렵지만 아래쪽은 활용하기 쉽다. 그래서

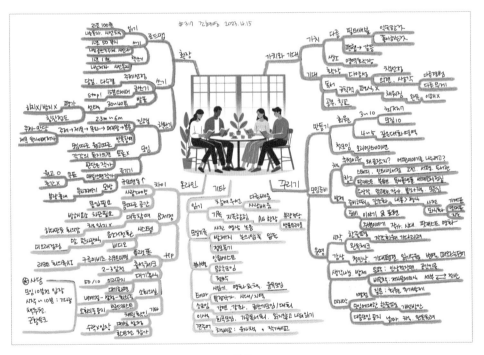

팁 3

　　　　　　　　　　　　　　　生각 정리의 기술 실천편

중심 이미지를 위쪽에 배치하면 더 많은 공간을 활용할 수 있다. 가지를 촘촘히 그려서 공간을 최대한 활용해야 한다(〈팁 3〉).

5) 나만의 의미

마인드맵은 나의 생각을 시각적으로 표현하는 도구이므로, 나만의 의미를 부여하면 더 지속할 수 있다.

색깔의 의미

좋아하는 색이나 특정 의미가 있는 색을 정해서 가지에 색깔을 부여할 수 있다. 내 의견이나 결론을 나타내는 가지는 노란색으로 정해두는 식이다. 색의 구분을 통해 중요한 가지를 쉽게 알아볼 수 있고, 기억에도 도움이 된다. 하지만 색깔을 너무 많이 사용하면 혼란스러울 수 있으니 한두 가지로 제한하는 것이 좋다.

〈팁 4〉는 이현정의 『외로움의 모양』을 읽고 그린 것이다. 이 책은 우리 사회의 다양한 외로움을 이야기하며, 외로움의 종류를 모양으로 생각해보게 한다. 나는 내 생각, 내 외로움을 노란색 가지로 표현했다. 이 마인드맵을 보는 순간, 키워드를 보지 않아도 내 생각을 나타내는 노란 가지를 쉽게 인식할 수 있다.

방향의 의미

그리는 방향에 순서를 두는 방법이다. 이 순서는 마인드맵을 읽는 순서와도 관련이 있다. 굳이 정하지 않더라도 많이 그리다 보면 자연스레 선호하는 방향이 생긴다. 그러나 많이 그려보기 전에 먼

팁 4

저 의미를 부여하고 일관되게 그려나가면, 마인드맵을 다시 재현할
때 큰 도움이 된다.

　나는 주로 오른쪽 위에서 시작한다. 글쓰기로 생각하면 서론에
해당하는 가지가 오른쪽 위에 온다. 왼쪽에는 본론에 해당하는 내
용을 나열하고, 아래에는 결론이나 내 생각을 배치한다. 이렇게 나
만의 배치가 생기면 마인드맵을 볼 때 배경 상황, 중심 스토리, 결론
의 위치를 예상하면서 읽어나갈 수 있다. 각자 자기만의 방법을 찾

　　　　　　　　　　　　생각 정리의 기술 실천편

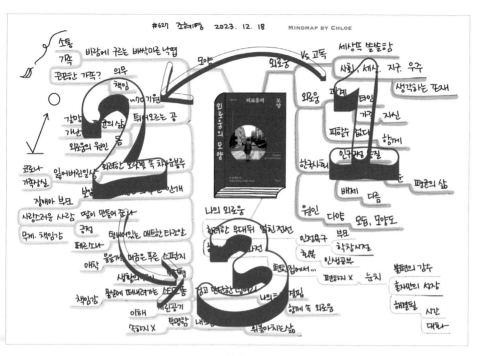

팁 5

아보길 바란다. 오른쪽 위에서 시계 방향으로 도는 방법이나 그 반대 방향을 사용할 수도 있다.

드니 르보의 『생각 정리의 기술』에서는 시계 방향으로 마인드맵을 읽으라고 권하고 있다. 따라 해볼 수는 있으나 계속 그리면서 자기만의 방향을 찾는 게 좋다고 생각한다.

〈팁 5〉는 외로움에 대한 전체적인 이야기를 먼저 적고(1), 책에 나오는 다양한 외로움의 모양에 관한 이야기를 하나의 가지로 그렸다(2). 마지막으로 내 외로움에 대한 가지를 그렸다(3). 시간이 지나 마인드맵을 다시 읽을 때 자연스럽게 '1 → 2 → 3' 순서로 읽으면, 책을 읽을 때의 느낌과 마인드맵을 그릴 때의 생각까지 함께 떠올릴 수 있다. 반복되는 훈련을 통해 이런 그리기와 다시 읽는 과정은 자동화된다.

자동화와 습관화가 항상 좋은 것은 아니다. 찰스 두히그의 『습관의 힘』에서는 루틴이 습관이 되어가는 기전을 설명한다. 대뇌피질을 자극하며 노력하는 루틴 과정을 지나 기저핵에서 자동으로 하는 습관 영역으로 가고 나면 자동으로, 즉 생각 없이 그냥 하게 된다. 습관에는 이런 매너리즘이 생길 수 있다는 점을 염두에 두어야 한다. 자기만의 방법을 가지고 좋은 방법을 찾기 위해 다양한 시도를 많이 할수록 마인드맵에 대한 애정도 깊어지고, 진정한 마인드매퍼가 될 수 있다.

모양의 의미

모양으로도 나만의 의미를 부여할 수 있다. 도형이나 화살표 등으로 마인드맵에 의미를 추가할 수도 있다. 중요한 키워드에 점을 찍거나, 흐름을 나타내기 위해 화살표를 넣는 것도 좋은 방법이다 (〈팁 6〉, 〈팁 7〉). 이렇게 자기만의 의미를 부여하면서 마인드맵을 꾸미면, 마인드맵 그리기는 점점 더 즐거운 작업이 된다.

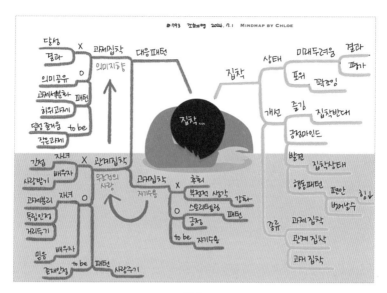

팁 6

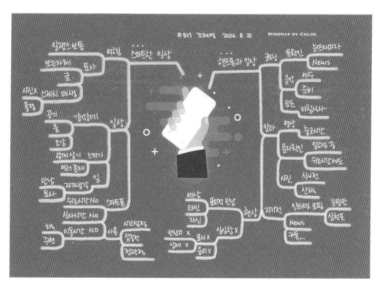

팁 7

많이 하는 실수

마인드맵을 그리는 것은 전적으로 자기 선택이라고 이야기해 오다가 '실수'라는 표현을 사용하면 약간 배신감을 느낄 수도 있을 것이다. 여기서 말하는 실수는 두 가지로 나눌 수 있다. 첫째는, 생각의 확장을 방해하는 잘못된 그리기 방식이다. 마인드맵의 목적은 생각의 확장인데, 잘못된 키워드나 가지 선택으로 오히려 생각이 제한되는 경우다. 둘째는, 모호한 마인드맵이다. 시간이 지나 다시 읽을 때 이해가 어려운 부분을 없애기 위해 처음부터 명확하게 그리는 것이 좋다. 시행착오를 줄이며 제대로 그리기를 바라는 마음에

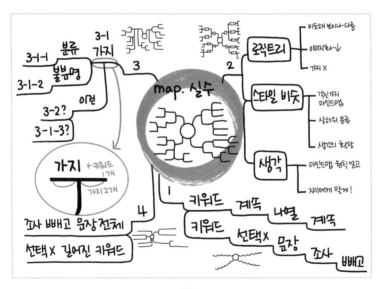

실수 1

생각 정리의 기술 실천편

서, 마인드맵을 처음 시작할 때 흔히 하는 실수와 경험이 쌓여도 계속 반복할 수 있는 실수들을 언급하겠다.

1) 키워드 나열

마인드맵의 키워드 간에는 상위와 하위의 관계가 있다. 상위 키워드에서 여러 가지 키워드로 가지를 뻗어나가며 내용이 점점 풍성해진다. 많은 사람이 처음에 실수하는 점은 키워드를 한 줄로 옆으로만 나열하는 것이다. 이렇게 되면 생각이 한 방향으로만 진행되어 확장이 어렵다. 마치 문장이 끝나면서 생각이 끊기는 것처럼 생각의 확장이 멈추게 된다.

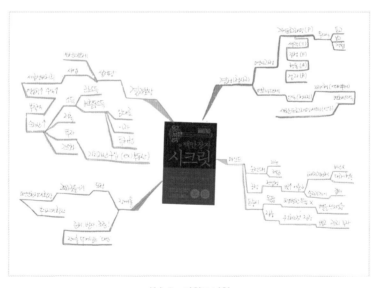

실수 2 - 키워드 나열

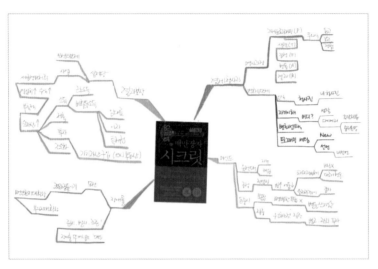

실수 3 - 〈실수 2〉 수정

2) 로직 트리 사용

나는 마인드맵을 그릴 때 각진 형태의 가지를 사용한다. 이 방식은 전체적인 모양이 로직 트리와 비슷하다. 로직 트리도 생각을 정리하고 문제를 해결하는 좋은 방법이지만, 마인드맵에 비해 이미지화가 덜 되어 있다. 마인드맵은 생각의 자유로운 확장과 이미지화를 위해 좋고, 로직 트리는 지식을 체계적으로 정리할 때 유리하다. 내가 마인드맵을 선택한 이유는 단순히 지식을 기록하는 것이 아니라 내 생각을 더 많이 담고 싶었기 때문이다. 마인드맵의 키워드는 가지 끝에 나열되는 게 아니라 가지 위에 얹힌다. 가지 끝은 살아서 계속 생각의 확장을 돕고, 다른 지식과 결합하기도 쉽다.

생각 정리의 기술 실천편

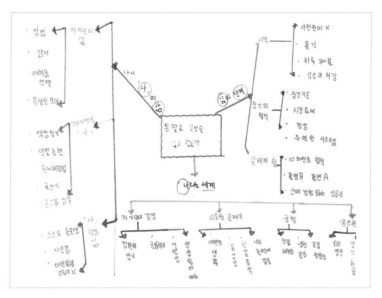

실수 4 - 로직 트리 사용

3) 상·하위 분류의 모호함

마인드맵에서 흔히 하는 실수 중 하나는 상위 가지와 하위 가지 사이의 관계가 모호해지는 것이다. 마인드맵을 그릴 때는 분명히 이해했겠지만, 시간이 지나서 다시 보면 의미가 헷갈리고 다른 사람이 봤을 때도 관계가 불명확해질 수 있다. 가지의 포함 관계를 명확하게 해야 나중에도 쉽게 이해할 수 있다.

〈실수 5〉는 방법에 대한 3가지 내용을 설명하는 마인드맵인데, 아래 가지의 중심 키워드가 비어 있는 형상이 된다. 〈실수 6〉처럼 변형해야 '구체적 방법'이 중심 가지로, ①, ②, ③의 방법이 하위 가

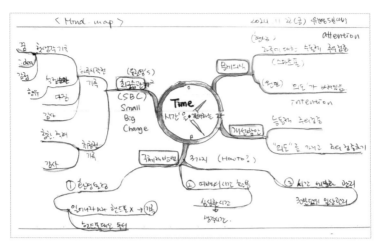

실수 5 – 상·하위 분류의 모호함

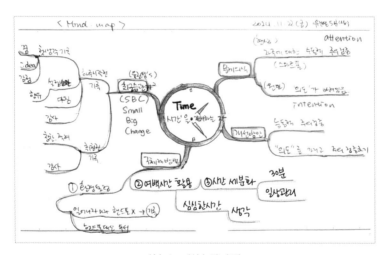

실수 6 – 〈실수 5〉 수정

지로 위치하게 된다.

　흔히 하는 실수 중에 같은 수준의 키워드를 계단 형식으로 내

려가는 경우가 있다. 이렇게 되면 상·하위의 구분이 모호해진다.

4) 문장형 키워드 사용

가끔은 기록하고 싶은 생각을 문장처럼 길게 적는 경우가 있다. 하지만 이렇게 하면 키워드가 너무 길어지고, 생각의 확장을 방해할 수 있다. 〈실수 1〉에서 가지 4를 보면, 키워드가 너무 길어서 내용이 한정되고 확장이 어려워졌다. 짧은 키워드만으로는 나중에 기억하지 못할 것 같아서 불안해질 수도 있지만, 처음에는 과감히 줄여보기를 추천한다. 키워드는 짧고 핵심적으로 적어야 생각의 확장이 잘 이루어진다.

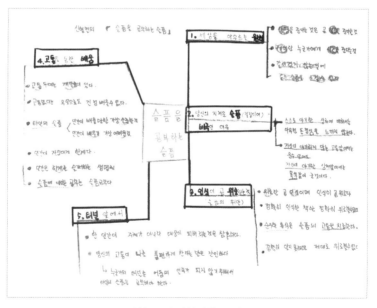

실수 7 - 문장형 키워드 사용

〈실수 7〉은 로직 트리와 문장형을 모두 볼 수 있는 마인드맵이다. 이미지화를 위해 키워드로 요약하고 가지를 이어줄 필요가 있다.

지속하기 위한 장치

1) 습관화하기

자주 가는 산길을 오르면 어디에 발을 놓아야 할지 고민할 필요 없이 쉽게 길을 찾을 수 있다. 이 과정은 새로운 생각의 길을 만드는 것과 비슷하다. 마인드맵을 여러 번 그리다 보면 가지를 그리는 것이 덜 어색하고, 어느 정도 만족할 만한 결과물도 만들 수 있게 된다. 하지만 아직 키워드를 뽑는 게 어렵고, 중심 키워드가 맞는지 의심하게 되는 단계일 수도 있다. 이는 뇌 속의 새로운 회로가 완전히 형성되지 않았기 때문이다.

회로가 완전히 형성되면 읽는 것만으로도 중심 키워드가 자연스럽게 떠오른다. 책을 읽고 마인드맵을 그릴 때는 목차가 있든 없든 상관없이 중요한 키워드들이 떠오르고, 따로 메모하는 습관도 생긴다. 이 메모가 키워드 형태로 자동 변환되면서 메모의 양도 점차 줄어든다. 하지만 이러한 과정은 자연스럽게 만들어지지 않는다. 직접 그리고 꾸준히 반복하는 것이 중요하다.

마인드맵을 그리기 시작했다면, 양이 어느 정도 쌓여 질적으로 변화가 일어날 때까지 꾸준히 해봐야 한다. 한 장 한 장 그리면서 번호를 매기고, 번호가 점점 커지는 걸 보면 그 자체로 큰 동기부여가 된다. 하루에 한 장씩 그리면 한 달 뒤에는 30장이다. 숫자가 쌓일수록 뿌듯함과 자신감도 함께 쌓인다.

책을 읽으며 마인드맵을 그리기 시작했지만, 매일 책 한 권을 읽기란 쉽지 않다. 이럴 때는 짧은 동영상을 보는 것을 추천한다. 15분 이내의 영상을 보고 그 내용을 마인드맵으로 그려보는 것이다. 매일 그리면 좋지만, 일주일에 2~3장이라도 꾸준히 그리며 연습하면 뇌의 회로가 형성되고 발전할 수 있다.

'마인드맵을 그리려면 시간을 어떻게 내야 할까?'라는 고민이 생길 때는 생활 속에서 자연스럽게 마인드맵을 활용해보자. 예를 들어 회의 중에 메모하고, 이를 기반으로 바로 마인드맵을 그려보는 것이다. 마인드맵으로 직접 메모하면 시간이 지날수록 익숙해지고 더 잘 채울 수 있게 된다.

일상에서 마인드맵을 그릴 거리가 전혀 없다고 느껴진다면, 마인드맵으로 일기를 써보거나 감정 마인드맵을 그려보는 것도 좋은 방법이다.

마감 효과를 줄 수 있는 소모임에서 활동하는 방법도 추천한다. 가토 도시노리의 『사소하지만 굉장한 어른의 뇌 사용법』에서는 뇌의 가소성을 설명하며 중년의 뇌가 잠재력의 최고의 시기라고 말한다. 이때 뇌를 더 체계적으로 사용하려면 출력이 중요하다. 출력을 함께 할 수 있는 모임에서 마감 효과까지 얻을 수 있다면 이보다 더 좋을 수가 없다.

마인드맵을 그리면 생각을 정리하고 구조화하는 능력이 좋아진다. 잘 이해되지 않던 내용도 마인드맵을 통해 정리하면 더 명확해진다. 또 이전에 그렸던 마인드맵을 회상하며 복습하면 짧은 시간에 내용을 다시 떠올릴 수 있다. 이 과정에서 새로운 생각이 떠오르면 빈 공간에 이어서 그려보는 것도 좋다. 이것은 내가 큰 효과를 보고 있는 방법이면서 『토니 부잔의 마인드맵 북』에서도 언급한 방법이다.

처음에는 마인드맵을 그리는 데 시간이 오래 걸릴 수도 있다. 하지만 키워드를 선택하고 가지를 배치하는 데 걸리는 시간이 점점 줄어들게 된다. 산길을 자주 오르다 보면 길을 잘 알고 발걸음이 가벼워지는 것처럼 마인드맵 그리기도 익숙해지면서 속도가 붙게 된다.

2) 효과 체감하기

습관을 만드는 것은 쉽지 않다. 에너지도 필요하고, 시간과 노력도 들여야 한다. 그런데도 바쁜 일상에서 마인드맵을 그리는 이유는 그 효과를 실제로 느껴봤기 때문이다. 마인드맵을 그리면 흩어졌던 생각들이 정리되고, 읽었던 책의 내용들이 체계화된다. 이 경험을 해본 사람은 마인드맵을 그리지 않을 수 없다.

하지만 이러한 효과를 체감하고 마인드맵을 일상으로 만드는 것은 결국 자신만의 길을 걷는 것과 같다. 처음 마인드맵을 그리기 시작했을 때 나도 막연하고 힘들었다. 생각은 뒤죽박죽이었고, 매일 급한 일을 먼저 처리하다 보니 내 일상도 정리가 필요했다. 기록하기 위해 여러 가지 방법을 시도했지만 쉽게 잊었다. 결국 다시 떠올리기 쉽도록 기억력을 높이기 위해 마인드맵을 선택했다.

마인드맵을 그리기 시작한 초기에는 만족스럽지 않았다. 오히려 실망스러웠다. 그래서 다른 사람들의 마인드맵을 따라 그려보기로 했다. 2~3장을 따라 그리다 보니 공간을 더 잘 활용하게 되었고, 점점 마인드맵을 가득 채울 수 있었다.

처음에는 나에 대한 주제로 연습했다. 나의 장점, 단점, 꿈, 주변 사람들 등 쉽고 개인적인 주제를 선택했다. 마인드맵을 그리면서 스스로를 객관적으로 보는 기회도 되었다.

이후 책을 읽고 내용을 요약하며 마인드맵을 그리기 시작했다. 처음에는 잘못하고 있는 것 같고 이해가 부족하다고 느꼈지만, 반복하다 보니 조금씩 나아졌다. 벽돌책(두꺼운 책)을 정리하는 것도 시도해보았다. 다 이해하지는 못했지만, 이해한 것만 적으면서 나름대로 최선을 다했다. 그 결과 불완전하지만 내가 이해한 지식을 정리하는 과정에서 만족감을 느낄 수 있었다. 마인드맵은 내가 가진 지식을 확장하고 스스로 성장하는 도구가 되었다. 그것이 내가 여전히 마인드맵을 그리고 있는 이유다.

정상으로 방향을 잡고 가야 하지만 끝이 보이지 않는 목표가 아닌 더 좋은 목표를 세워서 시작했으면 좋겠다. 바버라 오클리의 『학습 천재가 되는 11가지 공부 비결』에서는 좋은 목표를 위한 5가지 조건을 제시하는데, 구체적이고, 측정할 수 있으며, 야심 차고, 현실적이며, 한정된 기한이 있는 것이 좋은 목표의 기준이다. 예를 들어 '한 달에 독서 마인드맵 2장, 연상 마인드맵 5장, 강의 마인드맵 5장 그리기'와 같이 구체적이고 명확한 목표를 세워보는 것이 좋다. 이

러한 목표를 설정한 후 '독서 마인드맵을 바탕으로 글쓰기를 하자'
는 등 현재 상황에 맞게 목표를 새롭게 수정할 수 있을 것이다.

목표를 세우고 실천해나가면서 점차 성장하는 자기 모습을 보
게 될 것이다. 마인드맵은 단순히 생각을 정리하는 도구를 넘어, 스
스로 동기를 부여하고 더 나은 방향으로 나아가게 하는 강력한 도
구다. 한 걸음씩 차근차근 목표를 향해 나아가기를 바란다. 그 과정
에서 마인드맵이 큰 도움이 될 것이다.

손으로 그리는 디지털 마인드맵

마인드맵을 그리는 방법은 크게 세 가지로 나눌 수 있다. 종이와 펜
을 사용하는 아날로그 방식, 디지털 앱을 이용하는 방식, 디지털 태
블릿에서 손으로 직접 그리는 방식이다. 각각의 방법에는 장단점이
있어서, 자신에게 맞는 방식을 선택하는 것이 중요하다.

보통 처음 마인드맵을 만나면 종이와 펜만 있으면 할 수 있는
아날로그 방식으로 시작한다. 나도 처음에는 종이에 마인드맵을 그
렸다. 그런데 노트에 100장 정도 그리다 보니 문제가 생겼다. 노트
가 한 권을 넘어가면서 보관과 검색에 어려움이 생긴 것이다. 노트
가 쌓이면서 보관이 어려워졌고, 필요한 내용을 찾으려면 하나씩
넘겨야 했다. 또 두꺼운 노트를 가지고 다니기 불편했고, 다른 사람
과 공유하려면 일일이 사진을 찍어야 했다.

디지털 앱을 사용하여 마인드맵을 그리는 방식의 장점은 매우

분명하다. 인터넷만 연결되면 어디서든 작업을 이어갈 수 있고, 공간도 차지하지 않아 무척 편리하다. 휴대폰, 태블릿, PC, 어디에서나 작업이 가능하다. 수정하기도 쉬워서 아날로그 방식에서 수정 테이프로 지우고 다시 잘 써지지 않아 생기는 불편함이 없다. 검색 기능도 있어서 원하는 정보를 빠르게 찾을 수 있고, 이미지를 가져와서 쉽게 붙일 수도 있다. 그래서 아날로그 방식으로 종이에 마인드맵을 그리다가 불편함을 느껴 디지털 앱으로 전환하는 경우가 많다.

하지만 디지털 마인드맵에도 단점이 있는데, 가장 큰 문제는 '너무 쉽다'라는 점이다. 쉽게 그려지다 보니 기억에 남기 어려운 경우가 많다. 아날로그 방식에서는 가지를 직접 그리고, 이미지도 손으로 그리면서 생각이 깊어진다. 키워드를 뽑고 가지를 펼칠 때도 여백이 제한되어 극단적인 요약이 필요하다. 공간 배치를 하면서 가지의 분량을 상상하고 키워드를 조절하는 모든 과정이 마인드맵인데 이런 과정들이 생략된다. 클릭 몇 번으로 모든 것이 가능해져 주제에 대한 집중력이 떨어진다. 또 공간의 제한이 없어서 너무 많은 텍스트를 나열하게 될 위험이 있다. 마인드맵의 핵심은 이미지화와 요약인데, 무한정 가지를 늘리다 보면 마인드맵의 본래 목적이 흐려질 수 있다.

이미 언급했지만, 이 문제를 해결하기 위해 나는 디지털 태블릿의 '프로크리에이트' 앱을 사용하여 손으로 직접 마인드맵을 그리고 있다. 디지털의 장점인 수정과 보관의 편리함을 유지하면서도, 손으로 그리는 과정에서 얻는 기억 강화와 요약의 효과를 동시에 누릴 수 있다.

물론 상황에 따라 디지털 마인드맵 앱도 사용한다. 책의 목차를 정리할 때처럼 지속적으로 수정해야 할 때는 디지털이 훨씬 유용하다.

마인드맵 도구의 선택도 개인 취향의 문제지만 나에게 조언을 구한다면, 처음에 최소 50장은 아날로그 방식으로 노트에 직접 그리고, 어느 정도 익숙해지면 디지털 태블릿을 사용하여 직접 그리는 디지털-아날로그 방식을 시도해보라고 권하고 싶다. 마인드맵의 본래 장점을 살리면서도 디지털의 편리함을 함께 사용할 수 있는 좋은 방법이라고 생각한다.

디지털 앱으로 마인드맵을 사용하고자 한다면 주의해야 할 점이 있다. 디지털 방식은 지면의 제한이 없고 가지를 쉽게 늘릴 수 있기 때문에 텍스트가 늘어나지 않도록 주의해야 한다. 마인드맵의 목적은 핵심 내용을 요약하고, 이미지를 통해 생각을 시각화하는 것이다. 따라서 디지털 마인드맵을 사용하는 이유는 단순히 그리기 쉬워서가 아니라, 아날로그 방식의 경험을 통해 장점을 이해한 후에 편리함을 활용하기 위해서여야 한다. 이렇게 해야 마인드맵의 효과를 최대로 살릴 수 있다.

누구를 위한 마인드맵인가?

마인드맵은 내 생각을 확장하고 정리하는 도구로, 마인드맵을 그리는 목적은 언제나 나를 위한 것이다. 그러나 많은 사람이 마치 마인드맵에 정답이 있는 것처럼 생각한다. 마인드맵을 그리면 모든 사람이 같이 이해하고 해석할 수 있어야 한다고 여긴다. 이것은 마인드맵의 본질을 오해한 것이다. 마인드맵에 정답이 있다면, 모든 사람이 같은 지도로 그려낼 수 있는 객관적인 구조가 있어야 할 것이다. 그러나 우리의 생각은 너무나도 개인적이며, 마인드맵은 이를 펼쳐내는 것이니 개인마다 다를 수밖에 없다. 따라서 기본적으로 마인드맵에는 정답이 없다. 생각의 확장이 잘 이루어지는 방법이 있을 뿐이다.

많은 사람이 마인드맵을 그리면서 자신이 제대로 하고 있는지, 다른 사람이 이해할 수 있는지 걱정한다. 그런데 마인드맵의 가장 큰 가치는 '자기 자신을 위한 도구'라는 점이다. 즉 내 생각을 얼마나 잘 확장하고 구조화했는지가 가장 중요하다. 다른 사람이 이해하지 못하거나 그 사람의 관점에서 다르게 보이는 것은 잘못된 것이 아니다. 내 생각의 흐름이 명확하게 이어져 있고, 내가 그 내용을 다시 볼 때 충분히 이해할 수 있다면 그것이 바로 성공적인 마인드맵이다.

예를 들어 어떤 문제를 해결하기 위해 마인드맵을 그린다고 하자. 처음에는 문제를 정의하고, 그 문제와 관련된 여러 요인을 가지로 뻗어나간다. 그 가지들은 내 경험이나 지식에 기반한 것이고, 또 내가 중요하다고 느낀 순서대로 정리한 것이다. 이 과정에서 중요한 것은 각 가지를 그리며 문제를 해결하기 위한 아이디어가 점점 확장되고 있다는 점이다. 이런 식으로 마인드맵을 그리는 과정에서 새로운 아이디어를 떠올리고, 더 나은 해결책을 발견할 수도 있다.

2003년 영국 울버햄튼 대학의 「마인드맵을 통한 학습 능력 향상에 대한 논문」과, 2022년 엘스비어(Elsevier, 학술지 및 연구 논문을 다루는 출판 기관)의 「고등학생을 대상으로 한 마인드맵을 통한 확장적 사고의 효율성에 관한 논문」에 따르면, 마인드맵은 다양한 사고와 창의적인 생각을 돕고 새로운 아이디어와 기술을 확장하는 데 도움이 된다고 한다.

마인드맵을 그릴 때는 자기평가를 하면서 그리는 것이 중요하다. 생각을 충분히 확장했는지, 가지들이 논리적으로 연결되어 있는지를 스스로 점검하면서 마인드맵을 그리면 더 효과적이다. 내가 생각의 흐름을 잘 따라가고 있는지를 스스로 확인하는 것이 다른 사람의 평가보다 중요하다. 마인드맵은 내가 내 생각을 시각적으로 표현하고, 이를 통해 새로운 통찰을 얻는 도구이기 때문이다.

사람들이 마인드맵에 대해 오해하는 또 다른 이유는 우리가 교육받아온 방식 때문일 수도 있다. 학교 교육은 대부분 정답이 정해진 문제를 푸는 방식으로 이루어진다. 이러한 학습 방식에 익숙해져 마인드맵과 같은 자유로운 도구에도 정답이 있어야 한다고 느낀다. 그러나 마인드맵은 창의적인 도구로, 한 가지 주제에 대해서도 각자의 관점에 따라 다르게 그려질 수 있다. 즉 다른 사람이 나의 마인드맵을 보고 이해하지 못한다고 해서 그것이 잘못된 것은 아니다. 오히려 나만의 고유한 사고방식을 반영한 것이기 때문에 더욱 가치가 있다.

마인드맵을 그리면서 중요한 것은 나의 목적과 나의 사고를 중심에 두는 것이다. 내 생각이 충분히 확장되었는지 확인하고, 마인드맵을 다시 보며 내가 그렸을 때의 흐름을 잘 따라갈 수 있는지를 점검해보는 것이 필요하다. 이를 통해 마인드맵을 더욱 효과적으로 활용할 수 있다. 결국 중요한 것은 내가 그 마인드맵을 통해 무엇을 배웠고 얼마나 성장했는가이다.

마인드맵은 정답을 찾아가는 도구가 아니라 나만의 길을 찾아가는 도구다. 내가 그린 마인드맵이 나에게 의미가 있고 나의 사고를 확장하는 데 도움이 된다면, 그것이 좋은 마인드맵이다. 다른 사람의 평가에 휘둘리지 않고, 나의 목적에 충실하게 마인드맵을 그려보자. 그것이 마인드맵을 가장 잘 활용하는 방법이다.

저장과 활용

마인드맵을 여러 장 그리다 보면 저장하고 활용하는 방법에 대해 고민하게 되는 순간이 온다. 내가 종이 마인드맵에서 디지털 마인드맵으로 전환하게 된 이유도 저장 문제 때문이었다. 기본적으로 마인드맵은 종이에 그리든 디지털로 그리든 중심 이미지가 주제를 나타내기 때문에 보는 즉시 직관적으로 주제를 파악할 수 있다. 주제가 파악되면, 마인드맵을 그릴 때의 기억이 되살아나면서 필요한 키워드를 쉽게 찾을 수 있고, 이를 통해 말하거나 글을 쓸 때도 편리하게 사용할 수 있다. 그런데 종이 마인드맵은 한 장씩 넘겨야 하지만 디지털로 모은 마인드맵은 이미지를 확인하며 쉽게 찾을 수 있다.

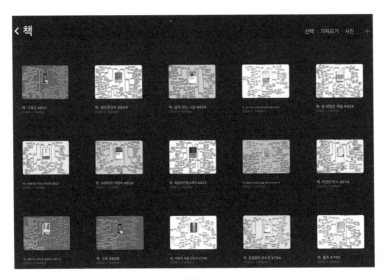

저장 1

　한번은 사랑과 관련된 책을 읽다가 예전에 '사랑의 종류'에 대해 정리한 다른 책의 마인드맵이 떠올랐다. 내용이 정확하게 생각나지는 않았지만 어떤 표지였는지, 어느 부분에 정리해두었는지는 기억이 났다. 그때 보관된 마인드맵의 중심 이미지를 훑어보며 필요한 내용을 쉽게 찾을 수 있었다. 마인드맵이 많이 쌓여 있어도 중심 이미지를 보면 바로 어떤 내용인지 알 수 있다. 사랑의 종류에 대한 마인드맵을 그릴 때 떠올린 이미지가 사진처럼 머릿속에 남아 있기 때문이다.

　보관된 마인드맵의 이미지를 쭉 훑어보다가 '순례자'라는 중심 이미지(《저장 2》)를 보았을 때 내가 찾던 마인드맵임을 직감할 수 있

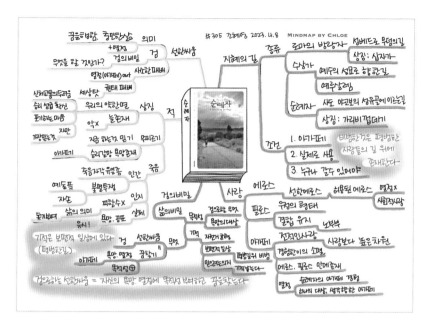

저장 2

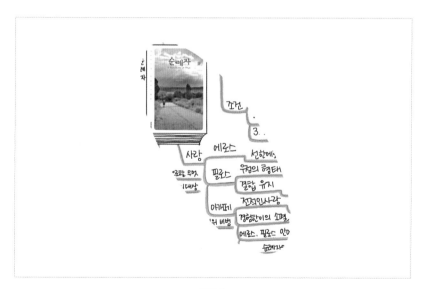

저장 3

었다. 〈저장 3〉처럼 사랑의 분류에 대한 이미지 형태로 기억에 남아 있었다. 이렇게 이미지 기억이 남아 있어서 짧은 시간 안에 필요한 것을 찾아낼 수 있다.

　디지털을 사용하면 마인드맵을 간편하게 저장할 수 있다. 나는 현재 강의, 책, 전시, 글쓰기, 프로젝트 등의 마인드맵을 폴더로 나누어 저장하고 있다(〈저장 4〉). 필요할 때는 분류된 폴더에 들어가 중심 이미지를 훑어보며 내용을 찾는다. 가끔 중심 이미지만으로는 구분이 어려운 경우도 있다. 글쓰기, 일기 쓰기, 일주일 계획하기 등은 이미지가 비슷하기 때문이다. 그래서 그림 파일의 제목에 날짜와 주제를 함께 적어 혼동을 줄이고 있다(〈저장 5〉).

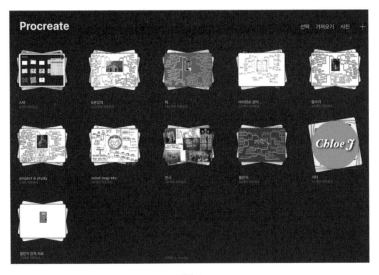

저장 4

　　　　　　　　　　　　　생각 정리의 기술 실천편

저장 5

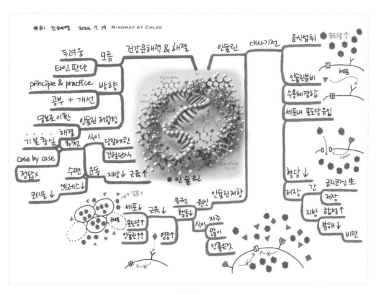

저장 6

중심 이미지가 주제를 명확하게 표현하지 못하는 때도 있다. 이런 경우에는 이미지 아래에 주제를 명확히 적어주는 것이 좋다. 예를 들어 〈저장 6〉의 이미지만 보면 입체적인 화학구조라는 것 외에는 알기 어렵다. 나 혼자 보기에는 괜찮지만, 다른 사람과 공유할 때는 주제를 적어주는 것이 훨씬 도움이 된다. 이미지 아래에 주제를 적어주면 혼동을 줄일 수 있다.

책의 경우에는 책 표지를 중심 이미지로 사용하여 마인드맵을 그리고 있다. 책 표지를 보면 어떤 책인지 쉽게 알아볼 수 있기 때문이다. 물론 독서 마인드맵의 중심 이미지를 책 표지만 사용해야 하는 것은 아니다. 〈저장 7〉, 〈저장 8〉과 같이 책을 대표하는 이미지를 넣는 것도 좋은 방법이다. 중심 이미지는 회상과 기억을 도와주는 중요한 도구가 된다.

나는 책을 읽고 나서 디지털 노트 앱인 노션Notion에 기록을 남기며 마인드맵도 함께 정리하고 있다. 마인드맵이 100장이 넘어서면서부터는 이런 방식이 필수가 되었다. 이미지가 명확할 때는 태블릿에서 바로 찾고, 키워드만 어렴풋이 떠오를 때는 노션에서 검색하여 키워드 요약과 마인드맵을 함께 활용한다.

저장 방법은 앞으로도 계속 발전해나갈 것이다. 마인드맵을 처음 사용하는 분에게는 내 방법을 추천하지만, 마인드맵이 쌓이다 보면 더 좋은 자신만의 방법을 찾게 될 것이다.

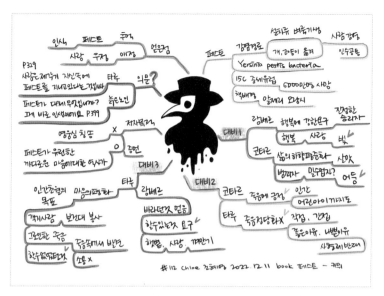

저장 7

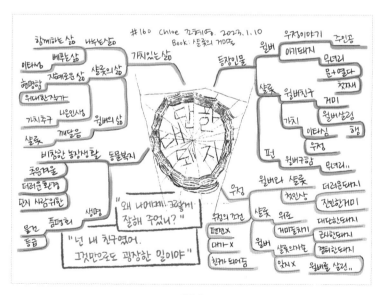

저장 8

AI 시대의 마인드맵

모든 것이 자동화된 시대에 우리는 몇 번의 클릭만으로 발표 자료를 만들고 방대한 자료를 요약할 수 있다. 심지어 AI는 창작도 할 수 있어서, 이제는 AI가 못하는 일을 찾기가 어려울 정도다. 그런데도 여전히 손으로 마인드맵을 그릴 필요가 있을까? 그렇다. 손으로 마인드맵을 그리는 행위 자체가 우리의 생각과 기억을 확장하고 창의성을 자극하기 때문이다.

AI 시대에 손으로 마인드맵을 그리는 것은 도구의 선택을 넘어 우리만의 사고방식을 유지하고 성장하는 한 가지 방법이다. 손으로 마인드맵을 그리는 것은 단순히 결과물을 만드는 것이 아니라 생각을 시각화하고 우리의 뇌와 손을 연결하는 창조적 과정이다.

손으로 마인드맵을 그리면 뇌의 여러 부분이 활성화된다. 정보를 읽고 손으로 그리면서 우리는 단순히 타이핑할 때와는 다른 인지적 참여를 하게 된다. 처음 산길을 오를 때는 길이 닦여 있지 않아 발을 내딛기 전에 고민하게 되지만, 이렇게 길을 내는 과정에서 뇌에 새로운 회로가 생긴다.

처음에는 가지를 그리고 키워드를 생각해내며 전체 그림을 만들어가는 것이 불편하고 어색한데, 이런 불편함은 성장의 중요한 부분이다. 반복하면서 뇌는 점점 익숙해지고, 손으로 직접 그린 마인드맵은 AI가 깔끔하게 만들어준 결과물보다 훨씬 더 많은 것을 담는다. 그것은 우리의 사고와 감정, 고민의 흔적이기 때문이다.

손으로 마인드맵을 그리면 창의성이 자극된다. 가지를 뻗어나가며 생각이 자연스럽게 확장된다. 각 가지에서 더 깊이 들어갈지, 다른 가지로 넘어갈지를 결정하면서 생각의 유연성도 높아진다. 이런 판단 과정이 새로운 아이디어를 만들어내는 힘이 된다.

또한 손으로 그리면서 정보를 시각화하고, 이 과정에서 감각적 연결이 생겨 정보를 더 오래 기억할 수 있다. 이는 독서 후 메모를 하는 것과 비슷하다. 디지털 장비만으로는 이런 개인적인 경험과 감각의 연결을 만들기 어렵다.

손으로 마인드맵을 그릴 때 우리는 자신의 속도에 맞추어 작업할 수 있다. AI는 정보를 빠르게 처리하지만, 너무 빠르면 오히려 머릿속에 잘 정리되지 않을 수 있다. 손으로 그리면 생각할 시간을 충분히 가지면서 작업을 진행할 수 있다. 그래서 생각의 깊이와 통찰력이 생긴다. 처음에 빨리 그리지 못하는 것 때문에 너무 고민하지 않았으면 좋겠다. 익숙해지면 자연스럽게 해결되는 문제다.

손으로 그리는 마인드맵은 디지털 피로를 줄이는 데 도움을 준다. 화면을 보고만 있으면 피로가 쌓이지만, 손으로 직접 작업하는 것은 더 깊은 집중을 끌어낸다. 손을 움직이며 하는 작업은 우리의 정신을 새롭게 하고 깊은 생각을 할 수 있게 돕는다.

AI는 매우 똑똑하지만 우리의 사고까지 대신할 수는 없다. AI가 제공하는 정리된 정보는 편리하지만 우리는 그 과정에서 중요한 무언가, 곧 생각하는 능력을 잃을 수 있다. 손으로 마인드맵을 그리는 것은 정보를 해석하고 구조화하며 새로운 연결을 찾는 창의적 사고의 과정이다.

디지털에 의존하면 자기 주도적 사고와 문제 해결 능력이 약해질 수 있다. 손으로 마인드맵을 그리면 디지털 의존에서 벗어나 스스로 사고 과정을 주도할 수 있게 된다. 정보를 스스로 구조화하고 정리하는 과정은 우리의 뇌를 훈련하고 문제 해결 능력을 기르는 데 큰 역할을 한다.

마지막으로 손으로 마인드맵을 그릴 때 우리는 감정적인 연결을 느낄 수 있다. 손으로 그린 마인드맵은 단순한 정보의 나열이 아니라 우리의 감정과 개인적인 경험이 담겨 있다. 이런 마인드맵을 완성했을 때 느끼는 성취감은 AI가 나열해준 결과물에서는 절대 느낄 수 없는 것이다.

손으로 그린 마인드맵은 과정 자체에 의미가 있다. 가지를 어떻게 뻗어나갈지 고민하고, 각각의 가지가 어떤 의미를 담고 있는지 생각하면서 그 정보를 나의 것으로 만든다. 그리고 나중에 그 마인드맵을 다시 볼 때 그때의 생각과 감정도 함께 떠오른다. 이것이 손으로 그린 마인드맵의 진정한 가치다. 마인드맵은 그리는 과정이 경험의 일부가 되어 단순한 사진보다 더 강한 기억을 남긴다. 여행에서 찍은 사진처럼, 손으로 그린 마인드맵은 그 과정 자체가 기억에 새겨져 있다.

AI 시대에 손으로 마인드맵을 그리는 것은 단지 과거의 방식이 아니다. 그것은 생각을 구조화하고, 창의적으로 확장하며, 우리의 뇌를 활성화하는 아주 인간적인 방법 중 하나다. 손으로 그린 마인드맵은 우리의 사고와 감정을 담고 있으며, 정보를 단순히 소비하는 것이 아닌 능동적으로 사고하는 사람으로 만들어준다.

AI가 아무리 발전해도 우리의 뇌와 손이 연결되는 이 창조적 과정은 대체될 수 없다. 손으로 마인드맵을 그리면서 우리는 생각의 길을 스스로 만들어가고, 더 나은 사고와 깊이 있는 이해로 나아갈 수 있다.

질문과 답변

마인드맵 연습의 지속 동력 찾기

Q 많은 연습이 필요한데 지속해나갈 동력을 못 찾겠어요. 어떻게 하면 마인드맵을 많이 그릴 수 있을까요?

A 마인드맵을 지속해나가기 위한 가장 큰 동력은 '작은 성공의 경험'에서 나옵니다. 큰 목표보다는 작은 목표를 세우세요. 매일 한 장씩 또는 일주일에 3장 그린다는 목표를 세우고 성취해나가면 그것으로 충분합니다. 숫자를 붙여보는 것도 좋은 방법입니다. 그린 마인드맵마다 번호를 붙이면, 숫자가 늘어날 때마다 '조금씩 나아가고 있다'는 느낌을 받을 수 있어요. 한 달씩 묶어서 몇 장이나 그렸는지 확인하고 번호를 추가해가는 자체를 기뻐하며 의미를 부여하면 자기만의 도구로 장착이 가능해집니다. 또한 계획, 일기, 책, 짧은 강의, 동영상 등을 보면서도 마인드맵을 그리는 방식으로 변화를 주세요. 내 일상에 포함되어 있는 할 일과 짝을 지어주면 습관으로 정착되기 쉽고, 일상에서 짧은 시간에 마인드맵을 완성하면 성공 경험이 쌓여 동력을 찾을 수 있습니다.

요약이 어려울 때 키워드 찾기

Q 마인드맵을 배우지만 적용이 잘 안 돼요. 요약만으로 가지를 뻗어나가기가 힘들어요. 자꾸만 문장을 쓰게 됩니다. 어떻게 해야 할까요?

A 요약이 어렵고 자꾸만 문장을 쓰게 된다면 '키워드 단축 방법'을 사용하면 좋습니다. 처음에는 문장을 작성해도 괜찮습니다. 그런 다음 그 문장에서 핵심적인 의미가 있는 단어들을 추려보세요. '한 문장을 3개의 단어로 줄여본다'라고 생각해보세요. 처음부터 완벽할 필요는 없습니다. 연습을 통해 점차 키워드를 추려내는 능력이 발전하게 됩니다. 중요한 건 '내가 이해할 수 있는 정도로' 단순화하는 것입니다.

가지와 키워드의 순서

Q 가지를 먼저 그리는 게 좋은가요, 키워드를 먼저 쓰는 게 좋은가요? 키워드는 반드시 가지 위에 올려야 하나요? 가지 끝에 키워드를 달면 안 되나요?

A 가지를 먼저 그리거나 키워드를 먼저 적거나 모두 가능합니다. 상황에 따라 유연하게 대처하면 됩니다. 사람마다 각자 편한 취향이 있습니다. 저의 경우에는 가지에 키워드를 맞추는 것보다 키워드에 가지를 맞추는 게 편리해서 키워드 먼저 적는 편이지만, 반대라도 전혀 상관없습니다. 그리고 키워드를 가지 끝에 나열하기보다는 가지 위에 올리는 것이 바람직합니다. 가지는 키워드와 키워드를 이어주는 동시에 그 끝에

생각 정리의 기술 실천편

서 새로운 생각을 이어주는 장치입니다. 가지 끝에 키워드를
달면 생각이 이어지기 힘들어집니다.

공간 활용과 키워드 양 조절

Q 공간 활용이 잘 안 돼요. 공간을 꽉 채워야 하는 건가요? 마
인드맵을 다 그리고 나서 추가할 내용이 떠올랐을 때는 어떻
게 하나요? 너무 많은 키워드를 쓰면 한눈에 안 들어오던데
키워드를 줄여야 하는 건가요?

A 공간 활용이 어려울 때 해결하기 가장 쉬운 방법은 '따라 그

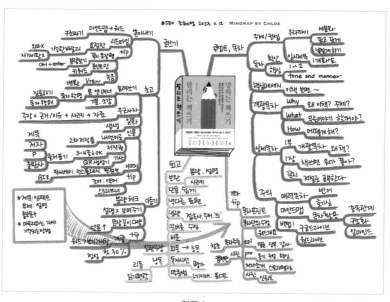

질문 1

리기'입니다. 따라 그릴 때는 머릿속으로 '이렇게 가지를 꺾어서 공간을 활용하는구나!'라고 생각하며 그려야 배울 수 있습니다. 이후 그리기 전에 마인드맵의 전체 구조를 대략 미리 상상해보세요. 다 그린 후에 추가할 내용이 떠오른 경우에는 빈 곳에 추가 가지를 뻗거나 다른 색으로 보완하여 강조해도 좋습니다. 이미 다 그린 후에 생각이 더 떠올랐다면 빈 곳에 그린 다음 화살표를 이용하여 이어주고 가지와 같은 색으로 표현하면 이질감 없는 생각의 확장이 가능해집니다(《질문 1》). 키워드 양은 많아도 크게 상관없지만, 텍스트는 적을수록 한눈에 들어옵니다. 키워드가 길어 너무 많으면 압도될 수 있으니, 중요한 핵심만 남기고 나머지는 과감히 줄이는 것도 필요합니다.

중심 가지 수와 키워드 선택

Q 중심 가지는 몇 개가 좋은가요? 중심 키워드는 몇 개까지 가능한가요? 중심 키워드가 떠오르지 않으면 어떻게 하죠?

A 중심 가지의 수는 보통 3~7개 정도가 적당합니다. 2개의 가지를 그릴 수도 있지만 마인드맵을 다시 읽을 때 가지 하나의 호흡이 너무 길어지게 되어 추천하지는 않습니다. 가지가 8개 이상일 경우에는 아주 풍성하게 하위 가지를 뻗어나가기 힘들게 되니 가능하면 너무 많아지지 않는 것을 추천합니다. 중심 키워드가 떠오르지 않을 때는 목차나 큰 개념을 먼저 떠올려보세요. 주제에 대해 질문하면서 키워드를 찾는 것도 좋

은 방법입니다. 질문은 육하원칙을 생각하면 좋습니다. '누가, 언제, 어디서, 무엇을, 어떻게, 왜'를 대입하여 가지를 늘려보면 좋습니다.

한 가지씩 그리기 vs. 연상되는 생각

Q 한 개의 가지를 다 그리고 다른 가지를 그리나요? 갑자기 떠오르는 중심 가지와 상관없는 생각은 어떻게 하죠?

A 한 가지를 다 그리고 다른 가지를 그려도 되고, 중간에 다른 생각이 떠오르면 그 가지를 먼저 그려도 됩니다. 중요한 건 생각의 흐름을 따라가며 자유롭게 표현하는 것입니다. 갑자기 떠오른 아이디어는 중심 가지와 상관없어도 그 자체로 의미 있는 내용일 수 있으니 따로 가지를 그려도 괜찮습니다. 그럴 때 그 생각의 상위 분류 키워드가 있을지 한번 떠올려보면 됩니다. 처음에는 상·하위 키워드를 잘못 선택하는 오류가 생기더라도 자꾸 하다 보면 자연스럽게 중심 키워드 선택이 가능해집니다.

중심 이미지 그리기

Q 그림을 못 그리는데 중심에 꼭 이미지를 넣어야 하나요?

A 그림 실력이 부족해도 중심에 간단한 이미지나 상징을 넣어보세요. 이미지가 중요한 이유는 시각적인 기억을 돕기 때문입니다. 마인드맵은 하나의 주제를 텍스트가 아니라 이미지로 생각하는 도구입니다. 복잡한 그림이 아니라 내가 떠올릴

수 있는 간단한 기호나 상징적인 이미지를 사용해도 충분합니다. 중심에 키워드를 넣기보다 가능하면 이미지 넣기를 추천합니다.

연필과 볼펜 사용

Q 연필로 그리고 볼펜으로 다시 그려야 하나요? 틀릴까 봐 걱정이 됩니다.

A 처음에는 연필로 그린 후에 볼펜으로 다시 덧칠해도 괜찮습니다. 틀릴까 봐 걱정하는 것은 자연스러운 일입니다. 하지만 실수를 두려워하지 마세요. 틀렸을 때는 수정하거나 새로운 가지를 추가하면 됩니다. 그 과정에서 더 많은 배움이 있을 수 있습니다. 그리고 차츰 볼펜으로 바로 그려볼 것을 추천합니다. 이 또한 훈련입니다. 우리 에너지는 한정적이고 너무 많은 시간이 드는 작업은 시작이 힘들어지기 때문입니다. 바로 그리다 보면 점점 익숙해지고 오류도 줄어들게 됩니다.

분류 후 그리기 vs. 즉흥적 그리기

Q 분류하고 생각을 먼저 한 후에 그리나요, 아니면 그리기 시작부터 하나요?

A 분류하고 생각한 후 그려도 되고, 그리기 시작하면서 동시에 생각을 정리해도 됩니다. 마인드맵은 유연성이 중요한 도구입니다. 생각이 정리되지 않는다면 대략적인 분류를 하고 시작

생각 정리의 기술 실천편

하는 것이 더 수월할 수 있습니다. 또 마인드맵의 종류에 따라 다르게 생각해볼 수도 있습니다. 책이나 강의를 정리할 때는 아무래도 분류와 요약 정리가 선행하는 것이 좋을 수 있습니다. 떠오르는 주제에 대해 자유롭고 확장적인 생각을 하기 위한 연상 마인드맵은 바로 그리는 게 좋다고 생각합니다.

시간 단축 방법

Q 시간이 너무 오래 걸리는데 마인드맵을 그리기 위한 시간 단축법이 있나요?

A 마인드맵 그리기에 시간이 오래 걸린다면, 먼저 큰 틀을 빠르게 잡고 세부 가지는 간단한 키워드로 표현하세요. 모든 것을 한 번에 완성하려 하지 말고, 나중에 돌아와 보완하는 방법도 좋습니다. 또한 '시간 제한을 두고 그리기' 같은 방식으로 연습하면 자연스럽게 속도가 붙습니다. 이때 자기 믿음이 전제되어야 합니다. 과감히 선택하고 그려나가는 훈련을 하다 보면 당연히 점점 시간이 줄어들게 됩니다. 마인드맵은 생각하기 위한 도구인 동시에 이미지화해서 기억하는 도구입니다. 시간을 많이 들인 마인드맵일수록 더 오래 기억난다고 생각합니다. 이런 문제는 효과를 직접 느껴봐야 설득이 되기도 합니다. 천천히 이미지를 잔뜩 넣어 그려보기도 하고 빨리 그려보기도 하면서 자신에게 맞는 방법을 찾아가길 바랍니다.

마인드맵을 많이 그리지 않아도 되는 방법

Q 마인드맵을 꼭 많이 그려야 하나요? 많은 양을 그리는 것 말
  고 마인드맵에 익숙해지는 방법이 있을까요?

A 많은 양의 마인드맵을 그리는 것 대신 일상에서 작은 순간에
  도 마인드맵 사고를 적용해보세요. 간단한 대화 내용이나 일
  상의 사건을 마인드맵으로 그려보는 방식으로 익숙해질 수
  있습니다. 중요한 것은 얼마나 자주 그리고, 얼마나 집중했는
  가입니다. 떠오르는 생각이 있을 때, 책을 읽다가 드는 느낌이
  있을 때, 완성된 형태가 아니더라도 귀퉁이에 작은 마인드맵
  을 그려보세요.

중심 키워드 선택의 어려움

Q 중심 키워드를 쓸 때 그리다 보면 중심 키워드가 아닐까 봐
  걱정됩니다. 어떻게 중심 키워드를 뽑으면 될까요?

A 중심 키워드를 선택할 때 중요한 것은 '내가 이 주제에서 가
  장 핵심적으로 다루고 싶은 것'을 찾는 것입니다. 처음에는
  복잡하게 생각하지 말고 가장 직관적으로 떠오르는 것을 중
  심 키워드로 선택하세요. 그리면서 필요에 따라 수정해나가
  도 괜찮습니다. 특히 지식을 요약하는 마인드맵에서 중심 키
  워드의 선택이 망설여지는 경우가 많습니다. 여기서도 '내가
  다루고 싶은 것'이 기준이 되어도 된다고 말씀드리고 싶습니
  다. 강의도, 책도 자기화해서 정리하고 생각한 것만 자기 지식
  과 지혜가 될 수 있다고 생각합니다. 마음껏 그려보세요.

마인드맵 사례 모음

다양한 마인드맵을 모아봤다. 마인드맵을 그리기 시작했을 때의 나의 마인드맵과, 현재 아이캔유니버스에서 운영 중인 강의에 참여한 선생님들의 마인드맵이다. 기꺼이 자료로 사용하도록 허락해주신 '1,000p 책도 한 장으로 끝내는 마인드맵' 수강 선생님들께 깊이 감사드린다.

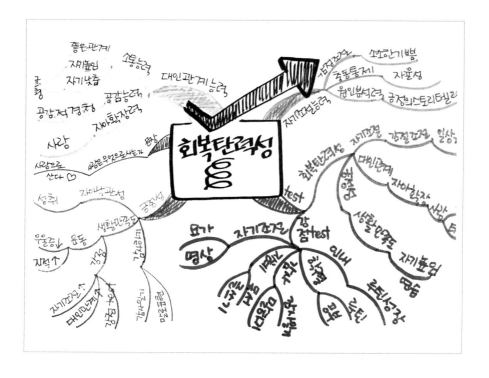

생각 정리의 기술 실천편

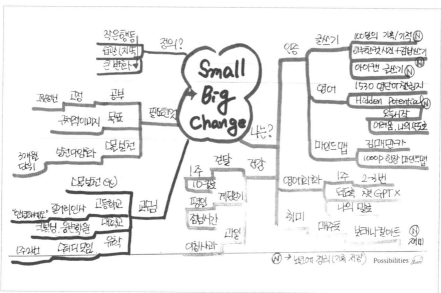

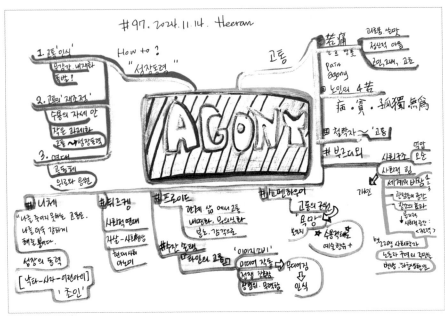

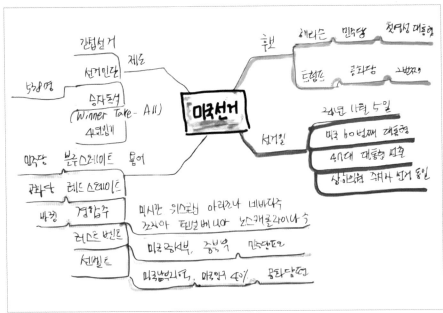

생각 정리의 기술 실천편

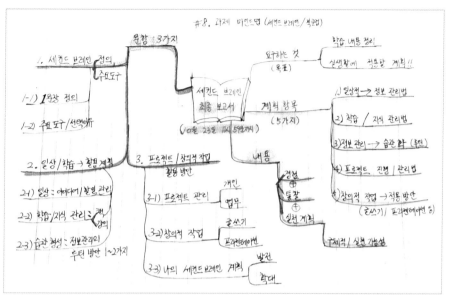

#8. 과제 마인드맵 (세컨드 브레인/북클럽)

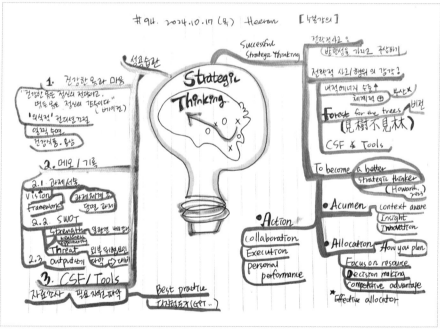

#94. 2024.10.17 (목) Heeran   [북밤강의]

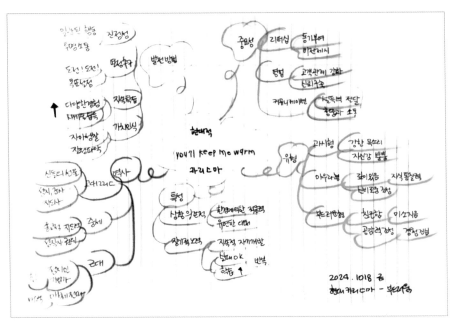

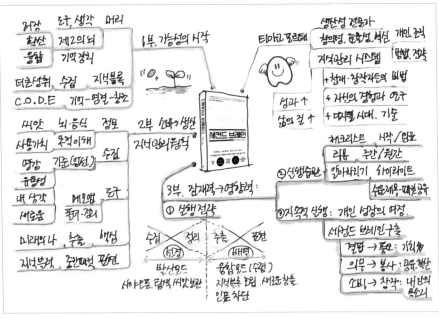

생각 정리의 기술 실천편

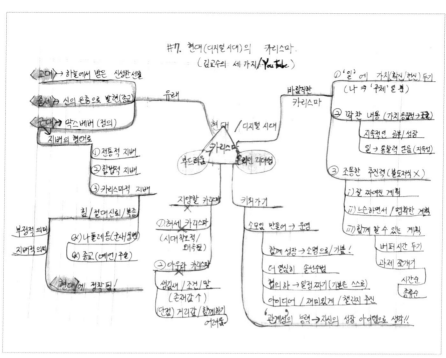

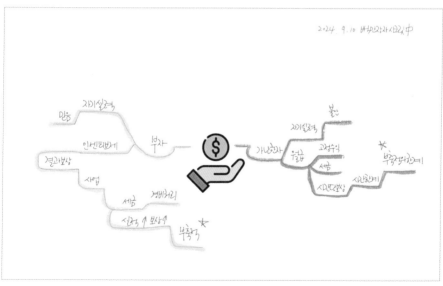

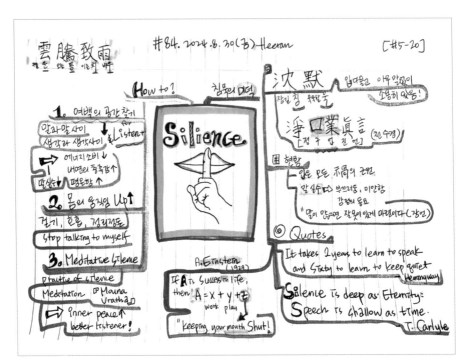

雲騰致雨
차 은 올 을 이르킬 비

#84. 2024.8.30(금) Heeran   [#5-20]

How to?   침묵의 미덕

沈默   입다물고 아무말없이
장김 칡 무원음   소통히 있음!

淨口業眞言 [정 구 업 진 언] (천수경)

Silence

1. 여백의 공간 찾기
   말과 말 사이   for Listen+
   생각과 생각사이
   ↑ 에너지 소비↓
   딴생각↓   내면의 충족감↑
   평온함↑

2. 몸의 움직임 Up↑
   걸기, 흐름, 정리정돈
   Stop talking to myself

3. Meditative Silence
   Practive of Silence
   Meditation ☞Mauna Vrata 인
   → Inner peace
   better listener!

A.Einstein (1929)
If A is success in life,
then A = x + y + z
work play
"Keeping your mouth shut!"

囲 현황
   암묵 모든 不禍의 근원
   말 실수 → 분란거들, 이악함
   강정의 동요
   "말이 많으면, 잘못이 있게 마련이다"(장언)

◎ Quotes
It takes 2 years to learn to speak
and sixty to learn to keep quiet
—Hemingway

Silence is deep as Eternity:
Speech is shallow as time.
— T. Carlyle

HIDDEN POTENTIAL (히든 포텐셜) 마인드맵 (#35)

비빌 미덕   회복력↑   계획적인 놀이.휴식   정체기   최고의 정점 X

장애물 맞춤법   테르니D 효과
정정시점 등판   (임사구교금)
일시적

잠재적인 변복   숨은잠재력↑
양상적인 즐거움의 원천으로
잔각

2부
동기를 유발하는
임시 구조물
(성장을 가로막는
장애물 극복하기)

신호   가던길
    되돌아 새길↓
이유   엉뚱한 방향 → 진행
    엉뚱한일 럭람
    연료↓ — 바닥
개척   물러서서
    다른길 개척   추진력
적당한 방법
    시행착오

재리혼은 열정유지   숨돌리기
새로운아이디어↑   (주기적휴식)
배우의 깊이↑
체력유지, 삼선재예방
단임에 몰두하는 열임!

준력거 (크기)
지도효과   2인 (지도후에 잔신감↑)-다른이에게 힘돋분방
교습효과   가르치는 것 (배우는가장좋은 방법)-우리가 동료, 그자신 공유
양각효과   인정받는↑ (인정하지 말든것이라는 그들의 혁신은 깨봐선안다는)
연망붙태우기   "내가 혁신을 꾸하는 까닭,
    → 나를 믿는 그대로 믿기 때문

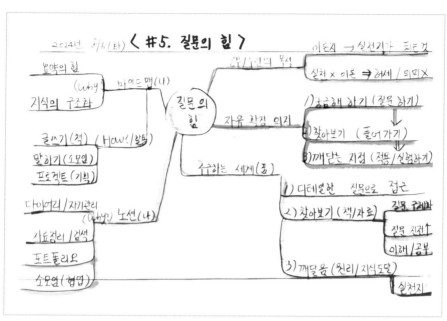

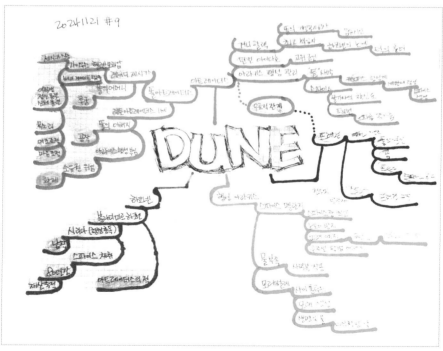

처음으로 돌아가 나는 왜 마인드맵을 그리고 싶어 했는지 생각해 보았다. 『생각 정리의 기술』에서는 우리가 정보를 기록할 때 원하는 목표를 네 가지로 설명한다.

첫째, 중요한 정보를 놓치지 않고 기록하기를 원한다.

둘째, 기록한 내용을 쉽게 다시 읽고 싶어 한다.

셋째, 메모에 시간을 덜 쓰고 강의 듣기에 더 많은 시간을 할애하고 싶어 한다.

넷째, 보고서 작성에 드는 시간을 줄이기를 원한다.

이런 목표는 마인드맵뿐만 아니라 대부분의 기록 방법에서 공통으로 추구하는 것이다.

이런 목적에 딱 맞는 방법으로 나는 마인드맵을 선택했다. 마인드맵을 시작할 때 가장 어려운 부분은 세로로 길쭉한 노트를 가로로 눕혀 사용하는 것이었다. 새로운 것은 기대를 주기도 하지만, 익숙하지 않기 때문에 불안감을 줄 수도 있다.

일반 줄 노트에 생각을 나열하는 것은 쉽다. 대부분이 그렇게 하기 때문이다. 게다가 우리 주변의 도구들도 일반적인 노트 방식을 기준으로 만들어져 있다. 마인드맵을 새로 시작할 때 이런 장벽들이 있는 것은 사실이다. 모두와 같은 방법을 사용해서는 다르게 생각하거나 더 뛰어난 능력을 갖추기가 쉽지 않다.

마인드맵을 지속적으로 그리기도 어렵다. 하지만 애초에 우리가 원했던 기록의 목적을 더 효율적으로 이루기 위해서는 마인드맵이 유용한 도구가 된다. 남들과 다른 방법을 시도해야 더 큰 발전, 즉 '퀀텀 점프quantum jump'를 이룰 수 있다. 마인드맵의 효과를 제대로 느끼게 되는 순간, 마인드맵을 그리는 일은 더 이상 어렵지 않다. 그때부터는 자연스럽게 마인드맵을 그리는 사람이 된다.

덧붙여 이야기하고 싶은 것이 있다. 어떤 사람은 원래부터 그림을 잘 그리고, 또 누군가는 글씨체가 예쁘다. 마인드맵을 손으로 그리다 보면 그림이나 글씨체가 예쁜 경우에 도드라져 보이는 경우가 많다. 나도 그런 덕을 봤기에 지금까지 올 수 있었는지도 모르겠다. 그러나 여기서 마인드맵의 본질적인 목적을 다시 한번 생각해봐야 한다.

마인드맵은 생각을 정리하고 표현하기 위해 그린다. 마인드맵을 그리는 과정 자체가 생각을 정리하고 집중과 기억을 도와주는 것이다. 손재주가 있어서 예쁘게 그린 마인드맵이 중요한 것이 아니다. 아무리 잘 그려도 단순히 한 번의 경험에 불과하다면 큰 의미는 없다. 중요한 것은 마인드맵을 통해 사고를 분류하고 확장하는 방식을 익히는 것이다.

마인드맵을 통해 체계적이고 확장적인 사고를 익히게 되면, 마인드맵 없이도 언제 어디서나 높은 수준의 생각하는 힘을 가질 수 있다. 이런 사고력은 나 자신과 세상을 더 깊이 이해하도록 돕고, 더 큰 꿈에 한 걸음 다가가도록 이끈다. 마인드맵이 단지 그림으로 남는 것이 아니라 사고를 깊고 넓게 만들어주는 도구가 되길 바란다.

가토 도시노리, 황세정 역, 사소하지만 굉장한 어른의 뇌 사용법, 알에이치코리아, 2023

김익한, 거인의 노트, 다산북스, 2023

드니 르보 외, 김도연 역, 생각 정리의 기술, 지형, 2007

바버라 오클리 외, 정윤미 역, 학습 천재가 되는 11가지 공부 비결, 골든어페어, 2021

복주환, 생각 정리 스킬, 천그루숲, 2023

심은정, 생각 정리의 힘, 북카라반, 2021

오소희, 매일 마인드맵, 더디퍼런스, 2024

온은주, 비주얼 씽킹으로 하는 생각 정리 기술, 영진닷컴, 2014

찰스 두히그, 강주헌 역, 습관의 힘, 갤리온, 2012

토니 부잔, 권봉중 역, 토니 부잔의 마인드맵 두뇌 사용법, 비즈니스맵, 2010

토니 부잔 외, 권봉중 역, 토니 부잔의 마인드맵 북, 비즈니스맵, 2010

토니 부잔, 권봉중 역, 토니 부잔의 마인드맵 암기법, 비즈니스맵, 2010

생각 정리의 기술 실천편

1,000장 그린 달인의 마인드맵 따라하기

초판 인쇄	2025년 2월 20일
초판 발행	2025년 2월 27일

글쓴이	조혜영
펴낸곳	지형
펴낸이	여승구
편집	장민혜
디자인	김선미
출판등록	2003년 3월 4일(제13-811호)
주소	서울시 마포구 성지5길 5-15, 305호(합정동)(04083)
전화	02-333-3953
전자우편	jhpub@naver.com

ISBN 978-89-93111-47-7 03320
가격은 뒤표지에 있습니다.

memo